David Gerlach, Eynar Leupold

**Schritt für Schritt: Einsteigen – Gestalten – Durchhalten**

**Klett | Kallmeyer**

Bibliografische Information der Deutschen Nationalbibliothek
Die Deutsche Nationalbibliothek verzeichnet diese Publikation in der Deutschen Nationalbibliografie;
detaillierte bibliografische Daten sind im Internet über http://dnb.d-nb.de abrufbar.

**Impressum**

David Gerlach, Eynar Leupold
Schritt für Schritt: Einsteigen – Gestalten – Durchhalten
Praxisbuch für Studium, Referendariat und Unterricht – Wege zu Zufriedenheit und Erfolg als Lehrperson

1. Auflage 2017

Das Werk und seine Teile sind urheberrechtlich geschützt. Jede Nutzung in anderen als den gesetzlich
zugelassenen Fällen bedarf der vorherigen schriftlichen Einwilligung des Verlages. Hinweis zu § 52 a UrhG:
Weder das Werk noch seine Teile dürfen ohne eine solche Einwilligung eingescannt und in ein Netzwerk
eingestellt werden. Dies gilt auch für Intranets von Schulen und sonstigen Bildungseinrichtungen.
Fotomechanische oder andere Wiedergabeverfahren nur mit Genehmigung des Verlages.

© 2017. Kallmeyer in Verbindung mit Klett
Friedrich Verlag GmbH
D-30926 Seelze
Alle Rechte vorbehalten.
www.friedrich-verlag.de

Redaktion: Stefan Hellriegel, Berlin
Realisation: Nicole Neumann
Druck: Beltz Bad Langensalza GmbH, Bad Langensalza
Printed in Germany

ISBN: 978-3-7727-1104-6

David Gerlach, Eynar Leupold

# Schritt für Schritt: Einsteigen – Gestalten – Durchhalten

Praxisbuch für Studium, Referendariat und Unterricht – Wege zu Zufriedenheit und Erfolg als Lehrperson

**Klett | Kallmeyer**

| Für Sie, zum Eingewöhnen … | 6 |
|---|---|
| **Vorwort** | **8** |
| **1 Unterricht heute** | **10** |
| 1.1 Komponenten des Unterrichts und ihre Wechselwirkung | 10 |
| 1.2 Dimensionen des Lehrerhandelns | 12 |
| **2 Mein Berufswunsch: Lehrerin/Lehrer** | **15** |
| 2.1 Auf der Suche nach einem Vorbild | 15 |
| 2.2 Motive zur Wahl des Lehrerberufs | 16 |
| 2.3 Von einer vagen Absicht zur Entscheidung aus Überzeugung | 20 |
| 2.4 Die Wahl des Lehramts: Arbeitsplatz Grundschule oder weiterführende Schule? | 22 |
| 2.5 Fächerwahl und Fächerkombination | 24 |
| 2.6 Aus der Schule (über die Universität) in die Schule? | 29 |
| **3 Die Qualifizierungsinstanzen Hochschule und Studienseminar** | **31** |
| 3.1 Die Rolle der Universität/Hochschule für mich und meinen Beruf | 32 |
| 3.2 Praxis- und Erprobungserfahrungen | 35 |
| 3.3 Die Rolle des Studienseminars/Vorbereitungsdienstes für mich und meinen Beruf | 38 |
| 3.4 Der Übergang von den Ausbildungsphasen zum selbstbestimmten Handeln | 40 |
| 3.5 Die Rolle von Fort- und Weiterbildungen für meine persönliche Entwicklung | 43 |
| 3.6 Ein Abschied vom Denken in „Phasen der Lehrerbildung" | 44 |
| **4 Mit Zufriedenheit und Erfolg unterrichten** | **46** |
| 4.1 Empirische Befunde zu Elementen erfolgreichen Unterrichts | 46 |
| 4.2 Komplexe Anforderungen des Alltags in der Schule | 48 |
| 4.3 Selbstkonzept und Selbstwirksamkeit als Schlüssel der Handlungskompetenz | 51 |
| 4.4 Mit klaren Überzeugungen und Werthaltungen arbeiten | 55 |
| 4.4.1 Motivation | 55 |
| 4.4.2 Wirksamkeit und Respekt | 56 |
| 4.4.3 Emotionen | 57 |
| 4.4.4 Vertrauen | 60 |

| | | |
|---|---|---:|
| 4.5 | Reflexivität | 61 |
| | 4.5.1 Reflexivität auf der Mikro-Ebene des Unterricht(en)s | 62 |
| | 4.5.2 Reflexivität auf der Makro-Ebene der eigenen (Lehr-)Person | 64 |
| | 4.5.3 Von der Aktionsforschung über Praxiserkundungsprojekte zu *communities of practice* | 68 |
| 4.6 | Routinen und Innovation: Meine Ressourcen für Verlässlichkeit und gegen Langeweile im Unterricht | 70 |
| | 4.6.1 Routinen | 71 |
| | 4.6.2 Innovation | 73 |
| 4.7 | Kreativität als Grundlage innovativen Handelns | 80 |
| | 4.7.1 Grundlegende Merkmale | 82 |
| | 4.7.2 Quellen für Kreativität | 82 |
| | 4.7.3 Prinzipien kreativen Handelns | 84 |

## 5 Schritt für Schritt: Durchhalten im Alltag und bei neuen Herausforderungen  90

| | | |
|---|---|---:|
| 5.1 | Schritt 1: Ich arbeite an meiner Identität | 92 |
| 5.2 | Schritt 2: Ich setze mir klare Ziele für meine berufliche Tätigkeit | 98 |
| 5.3 | Schritt 3: Ich trenne zwischen beruflicher Tätigkeit und privatem Leben | 101 |
| 5.4 | Schritt 4: Ich schaffe für mich und die Schülerinnen und Schüler ein positives Lernklima | 103 |
| 5.5 | Schritt 5: Ich arbeite mit einer positiven Fehlerkultur | 106 |
| 5.6 | Schritt 6: Ich schaffe für mich und die Lernenden einen guten Ausgleich zwischen Routine und Abwechslung | 107 |
| 5.7 | Schritt 7: Ich kann mit Lob und Kritik, Ablehnung und Akzeptanz umgehen | 109 |
| 5.8 | Schritt 8: Ich öffne mich und halte Kontakte | 111 |
| 5.9 | Schritt 9: Ich bin und bleibe offen | 113 |
| 5.10 | Schritt 10: Ich erhalte und stärke meine Gesundheit | 120 |
| 5.11 | Schritt 11: Ich stärke und erweitere meine Ressourcen | 122 |

**Literatur**  130

**Download-Material**  136

# Für Sie, zum Eingewöhnen ...

Ein Buch in die Hand nehmen, es öffnen, darin blättern und dann anfangen zu lesen, diese Schritte scheinen geradezu selbstverständlich. Aber Sie haben vermutlich auch die Erfahrung gemacht, dass es Bücher gibt, die man dann schnell wieder zur Seite legt, weil man sich von dem Titel, dem Werbetext oder dem Titelbild anderes versprach.

Also deshalb dieser kleine Prolog zu Ihrer „Eingewöhnung" in dieses Buch, bevor es dann auf die Tour durch die einzelnen Kapitel geht.

Nehmen Sie Stellung zu den Aussagen im Kasten. Was ist Ihre Meinung?

Wir möchten Ihnen in diesem Buch Ansätze vorstellen, die für Sie potenziell zu mehr Erfolg und Zufriedenheit im Lehrberuf führen. Wir verwenden dazu auch authentische Beispiele und sind uns dabei bewusst, dass manche davon vielleicht nicht unmittelbar auf Ihre persönliche Situation übertragbar sind. Wir wünschen uns trotzdem, dass Sie als Leserin und Leser jederzeit kritisch und offen bleiben und sich fragen:

- Was denke ich darüber?
- Wie stehe ich dazu?
- Stimme ich dem zu?
- Was fehlt mir?
- Was muss ich noch erfahren?
- Trifft dies auch meine Erfahrungen oder liegen diese ganz anders?
- Welchen Schwerpunkt bilden meine Erfahrungen?
- Kann ich mir vorstellen, dass das einmal eintreten könnte?

**HINWEIS**
Auf *www.eduDialog.de* können Sie mit den Autoren und anderen Kolleginnen und Kollegen in Kontakt treten und Ihren eigenen Prozess zum und im Lehrerberuf begleiten. Sie finden dort auch ergänzende Informationen zu den Themen dieses Buches.

Nur durch diese ständige Bewusstmachung, Reflexion und damit die Anknüpfung an Ihr bereits vorhandenes Wissen und bestehende Erfahrungen kann bei Ihnen eine positive Entwicklung entstehen.

## REFLEXIONSAUFGABE 0

Wir möchten Sie bitten, jedes der nachfolgenden Zitate aus dem Themenbereich Lehrperson, Schule und Unterricht zu lesen und sich dann selbst auf der darunter befindlichen Skala zwischen den beiden Polen zu verorten.

„Ich habe kaum mehr Lust, mit meinen Schülern dauernd nur durch den Stoff zu hetzen, damit wir alles schaffen, und ich habe auch keine Geduld mehr für theoretische Konzepte, die wir umsetzen müssen." (Stellungnahme eines jungen Lehrers)

*Das ist auch meine Meinung*                                     *Der Aussage stimme ich nicht zu*
..........................................................................................................................................

„Lehr-Lern-Forschung und Allgemeine Didaktik teilen das Problem, dass sie nur mittelbar auf das Handeln von Lehrern Bezug nehmen." (Wieser 2015, S. 97)

*Das ist auch meine Meinung*                                     *Der Aussage stimme ich nicht zu*
..........................................................................................................................................

„Wenn Lernzeit massiv fehlt, dann ist dies ein Risikofaktor; es gibt jedoch auch eine Sättigungsgrenze nach oben, ab der eine weitere Steigerung der Lernzeit nur noch minimal zur Steigerung des Lernerfolges beiträgt." (Helmke 2014, S. 815)

*Das ist auch meine Meinung*                                     *Der Aussage stimme ich nicht zu*
..........................................................................................................................................

„Burnout entwickelt sich, wenn Lehrkräfte mit ihren Ressourcen den veränderten Arbeitsanforderungen im Rahmen von Innovationsprozessen nicht gerecht werden oder die antizipierten Ergebnisse nicht den getätigten Ressourceninvestitionen entsprechen." (Morgenroth/Buchwald 2015, S. 139)

*Das ist auch meine Meinung*                                     *Der Aussage stimme ich nicht zu*
..........................................................................................................................................

„Eine zentrale Rolle für die kritisch-reflektierte Auseinandersetzung mit der eigenen Praxis – und damit auch für die professionelle Entwicklung einer Lehrkraft – spielen deren Kognitionen und professionelle Identität (Wissen, Denken, Überzeugungen und Einstellungen), das heißt die nicht beobachtbare Dimension ihres Handelns."

*Das ist auch meine Meinung*                                     *Der Aussage stimme ich nicht zu*
..........................................................................................................................................

Danke für Ihre Stellungnahmen!

# Vorwort

Liebe Leserin, lieber Leser,

wenn Sie die Aussage lesen: „Von der Theorie zur Praxis überzugehen macht [...] das Wesen der Subjektivität aus" (Sloterdijk 2005, S. 95) denken Sie vielleicht an Personen, die den Beruf der Ärztin oder des Rechtsanwalts ausüben. Für uns, die Autoren des Buches, das Sie in den Händen halten, ist diese Feststellung ein geeigneter Ausgangspunkt für unsere Überlegungen und Anregungen zum Beruf des Lehrers bzw. der Lehrerin.

Sowohl unsere Kenntnis der Forschungsarbeiten zu Schule und Unterricht als auch unsere Erfahrungen, die wir zuerst in der Lehrer(-aus-)bildung und dann als Lehrer in Schule und Ausbildung gemacht haben, führten erstens zu der Überzeugung, dass die Persönlichkeit der Lehrerin bzw. des Lehrers, also die „Subjektivität", einen entscheidenden Faktor für persönliche Zufriedenheit und einen gelingenden Unterricht darstellt. Zweitens haben wir selbst den spannungsreichen Übergang von komplexen fachwissenschaftlichen Theorien der universitären Ausbildung einerseits, rigiden (fach-)didaktischen Konzepten des Referendariats/Vorbereitungsdienstes am Studienseminar andererseits und einer teilweise unvorhersehbaren, bunten Unterrichtsrealität immer wieder selbst erlebt. Und uns wurde bewusst, dass die wissenschaftlich erhobenen und statistisch hochgerechneten Fakten zum Unterricht kaum die Lehrerin und den Lehrer erreichen und somit weitgehend wirkungslos für das Unterrichtsgeschehen bleiben.

Wir haben schließlich selbst gespürt, dass natürlich die Lernenden, ihre Lernerfolge und ihre Persönlichkeitsbildung im Fokus stehen müssen, dass aber die Lehrperson mit ihrem Selbstkonzept, ihrer fachlichen Expertise sowie ihrer sozialen Kompetenz in maßgeblicher Weise ein Garant für guten Unterricht ist.

Der tägliche Kontakt zu vielen Kolleginnen und Kollegen und die Begegnung mit ihnen anlässlich der Mitwirkung an zahlreichen Fortbildungsveranstaltungen haben uns auch gezeigt, wie groß das Bedürfnis ist, auf dem Wege der Diskussion aktueller pädagogischer, fachdidaktischer und schulischer Entwicklungen unter Bezugnahme auf die Erfahrungen des Unterrichts Orientierungen für neue Wege der Arbeit mit den Schülerinnen und Schülern zu finden.

Diese Erkenntnisse führten zu der Idee, ein Buch zu schreiben, das zwei Ziele verfolgt: Wir wenden uns erstens an die jungen Menschen, die die Absicht haben, den Beruf Lehrer/-in zu ergreifen, um ihnen bei der grundsätzlichen Entscheidung und mit Blick auf die Fächerwahl zu helfen. Die Hinweise für das Studium und die sich anschließende Zeit der Ausbildung am Studienseminar sollen die Orientierung für diese wichtigen Instanzen der Ausbildung für den Lehrerberuf erleichtern.

Unsere zweite Zielgruppe sind die Lehrerinnen und Lehrer in der Praxis. In der direkten oder indirekten Bezugnahme auf aktuelle Forschungsergebnisse, aber in ständiger Anbindung an konkrete Situationen des Unterrichts und mit der Einbindung eigener Unterrichtserfahrungen sollen die Anregungen und Tipps eine Ermutigung für die Lehrerinnen und Lehrer sein, die im Unterricht im Sinne des zitierten Konzepts der „Subjektivität" täglich engagiert handeln. Wir möchten ihnen zusätzliche Anregungen für ihr Selbstkonzept und für einen innovativen Unterrichtsalltag geben.

Die Lektüre des Buches durch Sie, liebe Leserin, lieber Leser, ist nur eine Seite unseres Projekts. Im Sinne einer fortlaufenden Weiterentwicklung bieten wir unter http://www.eduDialog.de Veranstaltungen und Foren an, die Ihrer individuellen Kontaktaufnahme mit den Autoren, der Rückmeldung von Erfahrungen aus dem Unterricht sowie der Verbreitung von innovativen Unterrichtserfahrungen mit Kolleginnen und Kollegen dienen soll.

Wir danken dem Verlag und insbesondere Gabriela Holzmann und Stefan Hellriegel für die Beratung und Unterstützung. Auch möchten wir den Lehrerinnen und Lehrern danken, deren Beispiele und Ideen wir einbinden und für unsere Argumentation aufgreifen durften. Außerdem gilt ein herzlicher Dank Carolin Gerlach für ihre kritischen Anmerkungen zu unserem ersten Skript zum Zeitpunkt ihres eigenen Übergangs von Lehramtsstudium zum Referendariat.

Marburg und Freiburg, im Juli 2016
David Gerlach, Eynar Leupold

# 1 Unterricht heute

Sie als Leserin oder Leser haben vermutlich ein bestimmtes Bild vom Schulunterricht, das auf eigenen Erfahrungen beruht oder das sich aus Erzählungen von Bekannten speist. Die Reflexionsaufgabe zeigt, wie man als aktiv Lehrerende/-r mit bestimmten Vorstellungen im außerschulischen Alltag unvermittelt konfrontiert wird.

**REFLEXIONSAUFGABE 1.1**

Nachdem der behandelnde Zahnarzt einen kurzen Blick auf die Karteikarte geworfen und seinen Patienten als Lehrer identifiziert hatte, fragte er neugierig, ob der Unterricht noch immer so verlaufe, wie er ihn erlebt habe. „Sagen Sie mal, im Sportunterricht konnte man seine Zeugnisnote durch die Anzahl der Liegestütze noch aufbessern. Was sagen Sie dazu?" Und weiter: „Was habe ich im Lateinunterricht alles auswendig lernen müssen! Und ich habe die Präpositionen, die den Ablativ auslösen, noch immer im Kopf. Krieg' ich einfach nicht gelöscht! Ist das im Fach Latein immer noch so?" Und schließlich: „Französischunterricht, das sind doch diese unregelmäßigen Verben: *Je reçois, tu reçois, il reçoit* ... Da war nur die Grammatik wichtig. Hat sich da eigentlich etwas verändert?"
Zum Glück kam er dann doch zügig zur Behandlung des schmerzhaften Zahnes („Machen Sie bitte den Mund ganz weit auf!"), sodass der Patient nicht dazu kam, methodische Entwicklungen des Unterrichts in den angesprochenen Fächern zu entwickeln. Es blieb schließlich bei der freundlichen Drohung des Arztes: „Und beim nächsten Termin müssen Sie mir aber einmal erzählen, was sich in der Schule so tut!"

Können Sie sich erinnern, im Verlauf Ihrer eigenen Schulzeit Veränderungen in einzelnen Fächern bewusst erlebt zu haben? Wenn ja, welche sind es und durch wen oder was wurden sie ausgelöst?

## 1.1 Komponenten des Unterrichts und ihre Wechselwirkung

Unterricht als komplexes Phänomen in der Institution Schule ist Gegenstand von allgemeinen und von wissenschaftlichen Modellierungen, Beschreibungen und Analysen. Unter die Lupe genommen werden – je nach der Interessenlage – wichtige Komponenten des Unterrichts. Dazu zählen an erster Stelle unbestreitbar die Lehrpläne und Curricula, die als Vorgaben der politischen Instanzen die allgemeinen und die spezifischen Ziele und Inhalte eines Faches präzisieren. Veröffentlichungen zu dem Thema „Bildungsstandards" haben die Aufmerksamkeit weiter Kreise der Öffentlichkeit seit dem Beginn des neuen Jahrtausends ausgelöst. An zweiter Stelle ist der Lehr-/Lern-Prozess im Unterricht zu nennen, der unter dem verallgemeinernden Stichwort „Unterrichtsmethode" Gegenstand der wissenschaftlichen Diskussion ist, die in vielfältigen, vor allem fachbezogenen Publikationen ihren Niederschlag findet. Drittens sind die (entwicklungs-)psychologischen und soziologischen Analysen und Beschreibungen zu nennen, die vor allem den Schülerinnen und Schülern gelten. „Generation Y", „Inklusion", „Differenzierung" sind Schlagworte, die mit Forderungen an die Schule und den Unterricht in allen Fächern verbunden werden. Und schließlich thematisieren zahlreiche Werke die Arbeit und die Bedeutung der Lehrerinnen und Lehrer als Garanten für einen wirksamen Erziehungsprozess sowie als kompetente Personen für einen effizienten Fachunterricht.

Das Bild eines guten Unterrichts als Ergebnis eines geglückten Zusammenspiels dieser vier Komponenten war lange bedeutsam und bestimmt vermutlich auch heute das Bild, das sich viele Menschen vom Schulalltag machen. Ausgangspunkt für erfolgreiches Handeln im Unterricht waren damals folgende Überzeugungen:

- Erstens, dass ein gut durchdachter Unterrichtsablauf, der schlüssig und mit einem fordernden Lehrerverhalten umgesetzt wird, auch eine positive Wirkung hinsichtlich des Lernerfolgs auf Schülerseite bewirkt.
- Und zweitens, dass ein klar definiertes Methodenrepertoire die Grundlage bildet, um Unterrichtsinhalte gut zu vermitteln.

Aber die Formel mit den Eckpunkten „Wenn ... dann" im Sinne eines Prozess-Produkt-Schemas ist für das Unterrichtsgeschehen im letzten Jahrzehnt im Zuge empirischer Untersuchungen zu Merkmalen „guten Unterrichts" nachhaltig erschüttert worden. Der Bildungswissenschaftler Terhart (2009, S. 183) stellt fest: „Von der Vorstellung, dass durch Unterricht das Lernen der Schüler gewissermaßen automatisch ‚erzeugt' wird, hat sich die moderne Unterrichtspsychologie bzw. Lehr-Lern-Forschung [...] verabschiedet". Und weiter: „Die Verbindung zwischen den bereitgestellten ‚Lerngelegenheiten' [...] einerseits und den Lernergebnissen auf Seiten der Schüler andererseits ist grundsätzlich korrelativer und nicht kausaler Natur". An die Stelle eines Prozess-Produkt-Schemas von Unterricht trat ein sogenanntes Angebot-Nutzungs-Modell (Helmke 2007). Dieses Modell geht davon aus, dass der Unterrichtsprozess durch zwei „Mitspielende" determiniert wird: der Lehrperson, die ein Angebot zum Beispiel im Sinne einer Aufgabenstellung macht, und der Schülerin/dem Schüler, der dieses Angebot für das individuelle Lernen nutzt (oder auch nicht).

Unterricht – wie wir ihn heute sehen – ist also nicht mehr der originäre Ort für die Anwendung oder Durchsetzung einer mehr oder weniger routinierten Vermittlungstechnik. Unterricht ist vielmehr ein jeweils neu zu strukturierendes „Wechselspiel zwischen Vorstrukturierung durch Lehrpersonen und selbstgesteuerten Anteilen der Lernenden" (Seidel 2014, S. 785). Die Qualität des Unterrichts, verstanden als soziales Geschehen mit vielfältigen Wechselbeziehungen sowie Wert- und Interessenkonflikten, hängt davon ab, „welche Beziehungen sich zwischen den Menschen mit ihren [...] unterschiedlichen Prägungen, Werten und Erwartungen herausbilden" (Schart 2014, S. 38). Damit erhalten die affektiven, emotionalen und motivationalen Aspekte eine besondere Bedeutung im Lehr-/Lern-Prozess, der natürlich unverändert auf eine Kompetenzbildung abzielt. *Der Lehrperson kommt eine Schlüsselrolle insofern zu, als sie in ihrer Funktion, mit ihrer Person und in ihrem Verhalten Orientierungen für die gemeinsame Arbeit vorgibt.*

## 1.2 Dimensionen des Lehrerhandelns

**REFLEXIONSAUFGABE 1.2**

Notieren Sie Brainstorming-artig auf einem separaten Blatt Papier, welche Tätigkeiten für Sie als Lehrer/-in wichtig sind bzw. sein werden.

Wenn man vor der Entscheidung einer Berufswahl steht, ist es sicherlich sinnvoll, sich vor dem Hintergrund des Handlungsfeldes Unterricht auch mit den Qualifikationen auseinanderzusetzen, die in Form von Erwartungen an die eigene Person herangetragen werden. Das Modell allgemeiner Handlungskompetenz von Baumert/Kunter aus dem Jahr 2006 bietet eine gute Grundlage, sich die unterschiedlichen Wissens-, Einstellungs- und Handlungsdimensionen klarzumachen.

Die Originalität des Modells besteht darin, dass es einerseits eine Reihe von Wissensbereichen ausweist, die in der Regel an der Universität mit dem Studium der Fachwissenschaften (Fachwissen) sowie das Studium der Erziehungswissenschaft (pädagogisches Wissen) erworben werden kann. Auch eine Sensibilisierung des fachdidaktischen Wissens erfolgt in den Lehramtsstudiengängen bereits an der Universität, zum Beispiel durch fachdidaktische Veranstaltungen und ein erstes Praktikum an der Schule. Eine vertiefte Auseinandersetzung ist allerdings der Referendarszeit am Studienseminar vorbehalten. Die Komponenten „Organisationswissen" und „Beratungswissen" verweisen auf wichtige und zunehmend

1.2 Dimensionen des Lehrerhandelns

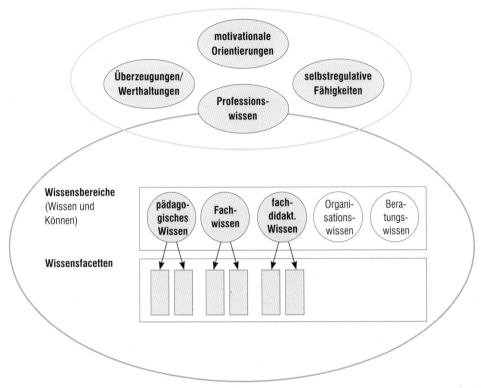

Modell professioneller Handlungskompetenz – Professionswissen
(Quelle: Baumert/Kunter 2006, S. 482)

bedeutsam(-er) werdende Tätigkeitsfelder des Lehrerberufs, die – zumindest in Ansätzen – durch das Studienseminar vermittelt werden sollten.

Andererseits aber macht dieses Modell auch deutlich, dass eine pädagogische und eine fachwissenschaftliche Qualifikation allein heute nicht ausreichend sind, um persönliche Zufriedenheit und beruflichen Erfolg zu erreichen. Erst ein Set von *persönlichen Einstellungen* in Verbindung mit einer *pädagogisch-fachlichen Qualifikation* bietet die Gewähr dafür, den Anforderungen an den Lehrerberuf heute gerecht zu werden.

Es ist ganz wichtig, sich gründlich mit dem künftigen Berufsfeld und den Anforderungen, die auf einen zukommen, auseinanderzusetzen. Der Rückblick auf die eigenen Erfahrungen als Schülerin oder Schüler bieten in einem sich verändernden Umfeld nur eine schwache Orientierung.

# 1 Unterricht heute

**REFLEXIONSAUFGABE 1.3**

Ordnen Sie die folgenden Gründe zur Entscheidung zugunsten des Lehrerberufs in der Reihenfolge ihrer Bedeutung (1 = sehr wichtig, 6 = weniger wichtig):
- ☐ gute lebenslange finanzielle Absicherung
- ☐ ideale Verknüpfung eigener Interessen und Hobbys mit der beruflichen Tätigkeit
- ☐ Geborgenheit im Beruf
- ☐ gemeinsame Arbeit und Kooperation mit Kolleginnen und Kollegen
- ☐ Freude an der Gemeinschaft mit Kindern und Jugendlichen
- ☐ viel Freizeit
- ☐ gute Vereinbarkeit von Familie und Beruf

**ZUM WEITERLESEN**

Helmke, A. (2015): *Unterrichtsqualität und Lehrerprofessionalität. Diagnose, Evaluation und Verbesserung des Unterrichts.* Seelze/Velber: Klett/Kallmeyer.

**KAPITEL-WORDLES**

Mit „Wordles" (http://www.wordle.net) können die in Texten am häufigsten vertretenen Wörter und Begriffe visualisiert werden. In diesem Buch verwenden wir Wordles am Ende jedes Kapitels, um damit die Möglichkeit zu geben, über Kernpunkte und -themen erneut zu reflektieren.

# 2 Mein Berufswunsch: Lehrerin/Lehrer

## 2.1 Auf der Suche nach einem Vorbild

Es gibt kaum einen anderen Beruf als den der Lehrerin/des Lehrers, dessen Profil man in seinen vielseitigen Facetten am Beispiel unterschiedlicher Personen so leicht über Jahre hinweg persönlich erleben kann. Gespräche von Schülerinnen und Schülern in der Gegenwart wie auch Diskussionen in der Familie oder Rückblicke Ehemaliger auf die Schulzeit kommen immer wieder auf den Lehrer oder die Lehrerin zu sprechen. Das Aussehen, die Stimme, die Kleidung, das Verhalten in der Klasse, die individuellen Ticks und Marotten sind Anlass für mehr oder weniger wohlwollende Äußerungen und für Urteile, die über die Person und ihr professionelles Handeln gefällt werden.

**REFLEXIONSAUFGABE 2.1**

Notieren Sie in einer Tabelle, an welche Ihrer eigenen Lehrerinnen und Lehrer Sie sich heute noch zurückerinnern und aus welchen Gründen.

| Name der Lehrerin/des Lehrers | Warum erinnere ich mich an sie/ihn? |
|---|---|
| | |
| | |
| | |
| | |

Außer der Verarbeitung der Lehrerrolle in literarischen Texten sind es über Jahrzehnte zahlreiche Filme, für die die Lehrperson in der Schule ein dankbares Thema abgibt. Eine Hitliste der guten Lehrer im Film auf moviepilot.de[1] setzt John Keating, dargestellt von Robin Williams, im *Club der toten Dichter* an die Spitze, gefolgt von Louanne Johnson (Michelle Pfeiffer) in *Dangerous Minds – Wilde Gedanken* (1995). Die Kommentare, die diese Website verzeichnet, zeigen teilweise deutlich, wie nachhaltig persönliche Erfahrungen mit Lehrerinnen und Lehrern aus der eigenen Schulzeit weiterleben.

---

1 Vgl. http://www.moviepilot.de/news/die-top-7-der-guten-lehrer-im-film-111117 (Zugriff: 27.10.2016).

Das Wissen um die Herausforderungen, die mit der Ausübung des Berufs verbunden sind, bleibt dennoch oft oberflächlich und fragmentarisch:
- Erstens weil es – wie im Film – ein Blick von außen ist, der zudem noch kommerziellen Zielen dient.
- Zweitens weil die Beurteilung aus der Perspektive einer betroffenen Person, nämlich in der Regel der des Lernenden, erfolgt.
- Drittens ist die Repräsentativität infrage zu stellen, denn selten wird bei der Einschätzung der beruflichen Tätigkeit über die individuelle Ausprägung einer Lehrperson oder mehrerer Lehrerpersönlichkeiten hinaus den allgemeinen Bedingungen des Berufes Rechnung getragen.
- Und schließlich: Einzelfälle einer wenig überzeugenden oder – im Gegenteil – einer starken Lehrerpersönlichkeit zeigen vor allem Folgendes: Eine Besonderheit des Lehrerberufs liegt darin, dass außer einem zu erlernenden Praxisverhalten *der eigenen Persönlichkeit* eine entscheidende Rolle im beruflichen Alltag zukommt.

> Entscheidend für die berufliche Praxis: Persönlichkeit

## 2.2 Motive zur Wahl des Lehrerberufs

Wie und warum wird man eigentlich Lehrer? Vielleicht finden Sie sich in einer der folgenden Aussagen wieder:
- „Mein Abizeugnis war guter Durchschnitt. Meine besten Noten hatte ich in den Fächern Englisch und Sport. Da habe ich mit meinen Eltern gesprochen, und die meinten, ich solle doch ‚auf Lehramt' studieren."
- „Biologie war schon immer ein Fach, für das ich mich interessiert habe. Ich wurde im Studium gleich Hiwi beim Professor und wollte eigentlich weiter an der Hochschule bleiben. Das hat dann nicht geklappt."
- „Ich habe schon immer gerne mit Jugendlichen gearbeitet. Zuerst als Gruppenleiterin beim Bund Deutscher Pfadfinder. Dann als Teamerin bei deutsch-französischen Jugendbegegnungen. Und da war für mich klar, dass ich gerne Lehrerin für die Fächer Musik und Französisch werden wollte."
- „Es war eigentlich mehr Verlegenheit. Ich hätte gerne bei der Lufthansa als Stewardess angefangen, habe aber den Gesundheitscheck nicht bestanden. Da habe ich mich dann entschlossen, die Fächer Geografie und Mathe mit dem Ziel Lehramt zu studieren."
- „Für meine Berufswahl war mein Deutschlehrer ausschlaggebend. Ein total cooler Typ, der unseren Kurs wirklich für Lite-

ratur begeistern konnte und der außerdem Theaterbesuche mit uns gemacht hat. So ein Lehrer wollte ich werden."
- „Meine Eltern sind beide Lehrer. Deshalb weiß ich um die berufliche Sicherheit, die das Lehramt bildet. Außerdem haben wir als Familie immer die Ferien genossen."

Natürlich sind die Motive, sich für eine bestimmte Berufsperspektive zu entscheiden und sie dann in eine Ausbildungsrealität umzusetzen, individuell unterschiedlich. Aber an den oben aufgeführten authentischen Aussagen lassen sich wesentliche Gründe erkennen, die sich wie folgt beschreiben lassen:
- Fortsetzung eigener Erfahrungen im pädagogischen Kontext
- Umsetzung eines Planes B (als Verlegenheitslösung?)
- Vertiefung eigener fachlicher Interessen und Kompetenzen
- Anregung durch ein erlebtes Vorbild
- Interesse aufgrund der Rahmenbedingungen

Jedes dieser Motive ist legitim. Allerdings: Der Grad der Solidität für diese Entscheidung ist vor dem Hintergrund der Kenntnis berufsbiografischer Verläufe sehr unterschiedlich zu bewerten.

Eigene Erfahrungen im Umgang mit Kindern und Jugendlichen zum Beispiel in Vereinen, bei Ferienfreizeiten oder im Rahmen von individueller Nachhilfe bieten eine gute Möglichkeit, einerseits das Verhalten von Kindern und Jugendlichen kennenzulernen, andererseits sich seiner eigenen Stärken und Schwächen bewusst zu werden und sich im erzieherischen Umgang mit Kindern und Jugendlichen zu üben.

Eine Entscheidung zu einer Ausbildung, die zu einem Beruf führt, der eventuell eine Verlegenheitslösung darstellt, weil eigentlich ein anderer Beruf anvisiert war, ist manchmal vielleicht unvermeidlich. Wenn die „zweite Wahl" darin bestehen sollte, den Lehrerberuf zu ergreifen und ein entsprechendes Studium aufzunehmen, dann muss diese Wahl mit einer *großen Entschlussfreudigkeit* verbunden werden. Es könnte ansonsten schwierig sein, sich im Studium für den hohen Anteil an wissenschaftlichen Theorien zu motivieren und in den Praxisanteilen Offenheit, Geduld, Einfühlungsvermögen, Kommunikationsbereitschaft und Engagement für eine Tätigkeit aufzubringen, die nicht der Erstwunsch war. Und dieses Gefühl wird sich erfahrungsgemäß nur selten in eine vorbehaltlos positive Haltung im Verlauf der beruflichen Tätigkeit wandeln.

Das eigene Interesse oder Hobby zum Beruf machen: Diese Idee ist verlockend und hat ihre Berechtigung für Sportlerinnen und Sportler, Liebhaber von Büchern oder Tieren. Eine Schwäche – im

> Ein Lehramtsstudium kann nur mit Motivation erfolgreich sein.

positiven Sinne – für physikalische Phänomene oder für Reisen in alle Welt zu haben, gut rechnen, Klavier spielen oder Englisch sprechen zu können, bietet eine gute fachliche und motivationale Ausgangslage, um in einem Studium die Kenntnisse und Fähigkeiten zu vertiefen. Aber für die Perspektive einer Lehr- und Unterrichtstätigkeit in den Fächern Physik, Geografie, Mathematik, Musik oder Englisch bildet dieses fachliche Kapital nur einen Teil eines umfassenden und komplexen Berufsbildes. Die pädagogische und erzieherische Dimension von Unterricht, deren Garant die Lehrperson ist, wird damit noch gar nicht erfasst. Und es gibt zahlreiche Beispiele, die zeigen, wie der eigene Enthusiasmus für eine Tätigkeit durch die institutionelle Realität des Schulalltags in Frustration umschlagen kann.

REFLEXIONSAUFGABE 2.2

Die Lehrerin in Ausbildung hatte schon bei der Vorstellung im Studienseminar von ihrer großen Liebe zu Frankreich gesprochen, die sie bewogen habe, das Berufsziel „Französischlehrerin" ins Auge zu fassen. Bei mehreren Besuchen durch ihre Ausbilderin fiel auf, wie unsicher die junge Kollegin vor der 8. Klasse im Französischunterricht reagierte. Die falsche Rechtschreibung an der Tafel war kein Einzelfall, auf teilweise provokante Einlassungen der Lernenden („Haben Sie eigentlich einen französischen Freund?") reagierte die Referendarin hilflos. Schülerinnen und Schüler (die viel mehr Erfahrung in der Begegnung mit Unterrichtenden haben als dies umgekehrt der Fall ist) spürten die Unsicherheit und nutzten sie zunehmend für ein disziplinloses Verhalten aus.
Die Lehrprobe war für die 1. Stunde angesetzt, und die Ausbilderin folgte zusammen mit den übrigen Lehrerinnen und Lehrern in Ausbildung der Lehrerin, die die Lehrprobe ablegen sollte, aus dem Lehrerzimmer auf den Flur, um in den Klassenraum zu gehen. Aber es geschah etwas Unfassbares. Die junge Kollegin verlor völlig die Orientierung im Schulgebäude und fand ihren Klassenraum nicht mehr. Erst mit zehnminütiger Verspätung konnte die Stunde beginnen.
Die Kollegin hat sich nach dem 1. Ausbildungssemester entschlossen, ihre Absicht, den Lehrberuf zu ergreifen, aufzugeben. Sie hat sich dann erfolgreich für eine Stelle in der Schulbuchredaktion eines Verlages beworben.

Halten Sie diese Entscheidung insgesamt und den Zeitpunkt der jungen Referendarin für richtig?

Klassentreffen und Treffen ehemaliger Schülerinnen und Schüler sind der bevorzugte Ort, um sich der Lehrpersonen zu erinnern, die durch ihre Ticks, ihr Aussehen oder ihre Kleidung oder aber auch durch ihre fachliche Kompetenz im Gedächtnis haften geblieben sind. Das sind in der Regel Momentaufnahmen. Aber es gibt auch die Lehrer/-innen, die als Persönlichkeit einen nachhaltigen positiven Eindruck auf ihre Schülerinnen und Schüler hinterlassen haben.

## 2.2 Motive zur Wahl des Lehrerberufs

Und es sind diese Personen und ihr Verhalten, die manchmal Auslöser dafür sind, den Beruf des Lehrers selbst zu ergreifen. Allein die Devise „So ein Lehrer wie der/die möchte ich auch einmal werden" ist zweifelhaft. Das *Kopieren des Verhaltens einer anderen Person* in bestimmten Situationen lässt die Schulrealität nicht zu. Der Mut zur Entscheidung, Lehrer/-in zu werden, kann durch ein erlebtes Vorbild im Kontext Schule verstärkt werden. Und das ist gut. Darüber hinaus gilt es allerdings, sich immer klar zu machen, dass es die Arbeit an der eigenen Persönlichkeit ist, die für den Lehrerberuf eine zwingend notwendige Bedingung darstellt.

> Vorbilder sollten inspirieren – nicht kopiert werden.

Überlegungen, sich für einen sicheren Beruf zu entscheiden, mögen – auch im Zusammenspiel mit anderen Motiven – bei manchem Abiturienten doch letztlich ausschlaggebend für die Aufnahme des Lehramtstudiums sein. Aber was bedeutet „Sicherheit" in einem Beruf, der täglich professionelle Reaktionen auf neue Herausforderungen verlangt? Sicher, der Ferienkalender für die Bundesländer ist für Jahre im Voraus konzipiert. Über das zu erwartende Einkommen kann man sich mittels der Gehaltstabellen aus dem Internet informieren. Aus den Lehrwerken sowie den Fachlehrplänen mit den zu erarbeitenden Kompetenzen kann man das Profil der Fächer ablesen, die man zu unterrichten anstrebt. Und die Gefahr, aufgrund einer wirtschaftlichen Krise entlassen zu werden, besteht praktisch nicht.

Diese Überlegungen – so legitim sie auch seien – verdecken eine Realität des Lehrerberufs, die sich wie folgt beschreiben lässt: *Weder auf der Mikroebene der Einzelstunde noch auf der Makroebene der Laufbahn findet sich eine durch den Status gekennzeichnete Sicherheit.* Keine Unterrichtsstunde ähnelt der anderen, die komplexe Tätigkeit der Lehrperson wird durch die ständig wechselnden Erwartungen und Verhaltensweisen einzelner Schülerinnen und Schüler und der Lerngruppen im Ganzen immer wieder neu herausgefordert. Erkenntnisse und Forschungsergebnisse aus den Bezugswissenschaften auf der einen Seite sowie bildungspolitische Veränderungen auf der anderen Seite verlangen eine Flexibilität und eine Offenheit, um ein effizientes Arbeiten in einem akzeptablen Lernklima sicherzustellen. Mit der statusbedingten und materiellen Sicherheit verbindet sich also in der Berufspraxis eine große Unsicherheit. Beides als Chance für sich zu nutzen, führt zu einem positiven beruflichen Erleben. Nur das Merkmal der Sicherheit im Auge zu haben und sich nicht auf die ständigen Veränderungen positiv einzulassen, führt früher oder später zur Resignation und/oder zur Beeinträchtigung der eigenen Gesundheit.

> Der Lehrerberuf bietet Sicherheit – und Unsicherheit.

## 2.3 Von einer vagen Absicht zur Entscheidung aus Überzeugung

Über gelegentliche eigene Erfahrungen in erzieherischen Situationen (zum Beispiel Begleitung von Jugendgruppen) und über die guten Ratschläge Dritter hinaus ist es ganz wichtig, sich selbst in seiner Entscheidung zugunsten des Lehrerberufs zu vergewissern. Ein geeignetes Mittel für die Selbstdiagnose bieten heute zahlreiche Tests zur Selbstevaluation, die man zum Beispiel im Internet findet[2]:

- Hertl/Schaarschmidt „Fit für den Lehrerberuf?!"
  (http://www.vbe.de/abc-l/start_fit_einleitung.php
  [Zugriff: 16.09.2016])
- Beratungsangebot *Career Counselling for Teachers* (CCT)
  (http://www.cct-germany.de)

Als Beispiel sollen zwei Fragepools der CCT dienen (siehe Reflexionsaufgabe 2.3). In der Beantwortung der Fragen des Fragebogens 1 kann man sich selbst prüfen, inwieweit der Lehrerberuf für einen attraktiv ist. Im Anschluss an die Beantwortung der 33 Items im Internet wird eine individuelle Auswertung angeboten. Der Fragebogen 2 setzt bei den eigenen Persönlichkeitsmerkmalen an und bietet so die Möglichkeit, sein eigenes Profil zu bestimmen und es mit den Merkmalen zu vergleichen, die idealerweise mit der Tätigkeit einer Lehrperson verbunden werden. Auch hier wird im Anschluss an die Bearbeitung im Internet eine Auswertung angeboten.

**REFLEXIONSAUFGABE 2.3**

Online-Fragebögen zur Selbstevaluation:

**Fragebogen 1 (LIS 1)**
Quelle: Projekt Career Counselling for Teachers, http://www.cct-germany.de/
(Autoren: Mayr/Nieskens 2012)

Stellen Sie sich vor, Sie sind Lehrer/in: Wie gern führen Sie vermutlich folgende Tätigkeiten aus?

---

[2] Vgl. den Fragebogen von Hertl/Schaarschmidt „Fit für den Lehrerberuf?!" auf der Internetseite http://www.dbb.de/fileadmin/pdfs/projekte/lehrerstudie_fragebogen-fit.pdf (Zugriff: 06.10.2016).

## 2.3 Von einer vagen Absicht zur Entscheidung aus Überzeugung

| | sehr ungern | ungern | weder gern noch ungern | gern | sehr gern |
|---|---|---|---|---|---|

1. den Schüler/innen einen Sachverhalt erklären
2. Konflikte zwischen den Schüler/innen zu klären versuchen
3. Fachliteratur zu meinen Gegenständen lesen
4. bei einem Elternabend über mögliche Bildungswege informieren
5. überprüfen, was die Schüler/innen können
6. neue Schüler/innen in die Klasse integrieren
7. Schüler/innen bei Einzelarbeiten betreuen
8. mit den Schüler/innen einen Ausflug machen
9. bei beruflichen Schwierigkeiten mit Kolleg/innen reden
10. Anschauungsmaterial für den Unterricht besorgen
11. neue Unterrichtsmethoden erlernen
12. Schüler/innen mit und ohne Behinderung gemeinsam unterrichten
13. Übungsaufgaben ausdenken
14. mich in der Pause mit Schüler/innen unterhalten
15. Hefte korrigieren
16. Eltern in den Unterricht einbeziehen
17. an kulturellen Aktivitäten teilnehmen
18. darauf achten, dass möglichst alle Schüler/innen mitarbeiten
19. mich in Problemschüler/innen hineinversetzen
20. komplexe Themen für Schüler/innen verständlich aufbereiten
21. die Schüler/innen bei der Gestaltung des Unterrichts mitentscheiden lassen
22. mit der Schulleitung und den Kollegen/innen die Schule weiterentwickeln
23. Gruppenarbeiten organisieren
24. mit lernschwachen Schüler/innen spezielle Übungen durchführen
25. pädagogische Fortbildungskurse besuchen
26. die Leistungen der Schüler/innen beurteilen
27. mit Eltern Erziehungsfragen besprechen
28. abwechslungsreiche Unterrichtsstunden entwerfen
29. mich über das Weltgeschehen auf dem Laufenden halten
30. Spiele und Übungen zum sozialen Lernen durchführen
31. begabten Schüler/innen zusätzliche Anregungen vermitteln
32. die Schüler/innen dazu bringen, dass sie die Schulordnung einhalten
33. weiter zurückliegende Stoffgebiete wiederholen

**Fragebogen 2 (LPA 1)**
Quelle: Projekt Career Counselling for Teachers, http://www.cct-germany.de/
(Autoren: Brandstätter/Mayr 2012)

Beschreiben Sie sich anhand der Eigenschaftsliste, indem Sie in jeder Zeile jene Stelle markieren, die Ihrer Position zwischen dem linken und dem rechten Eigenschaftspol entspricht.

1  ruhig ................................................................................................................ lebhaft
2  gelassen ..................................................................................................... angespannt
3  wechselhaft ............................................................................................. selbstbeherrscht
4  sachbezogen ............................................................................................. kontaktfreudig
5  mit mir zufrieden ........................................................................................ an mir zweifelnd
6  sorglos ....................................................................................................... gewissenhaft
7  kühl ............................................................................................................ warmherzig
8  selbstsicher ................................................................................................ scheu
9  unbeherrscht .............................................................................................. diszipliniert
10 gerne unabhängig ..................................................................................... gerne mit anderen
11 psychisch widerstandsfähig ....................................................... psychisch wenig belastbar
12 leichtlebig .................................................................................................. prinzipientreu

## 2.4 Die Wahl des Lehramts: Arbeitsplatz Grundschule oder weiterführende Schule?

Ist die grundsätzliche Entscheidung für den Lehrberuf gefallen, gilt es weitere Entscheidungen zu treffen, etwa die, welches Lehramt man anstrebt, genauer: ob man in der Grundschule oder auf der Sekundarstufe in einer weiterführenden Schule (Sekundarschule, Gesamtschule, Gymnasium, Berufsschule) unterrichten will. Die diesbezüglichen Überlegungen sollten folgende Aspekte berücksichtigen: In der Grundschule zu unterrichten, bedeutet erstens, mit Kindern zu arbeiten, die in ihrer Begabung höchst unterschiedlich sind (Stichwort: Heterogenität). Sie bringen soziale Verhaltensweisen und teilweise erste Lernerfahrungen mit, die durch das Elternhaus und den Kindergarten geprägt wurden. *Der Erziehungsanteil im Unterricht ist in der Grundschule erheblich.* Die Lehrerin/der Lehrer muss auf dieser Stufe die Lust und die Bereitschaft mitbringen, die Kinder durch *Nähe und Emotionalität* und durch *klare Lernanforderungen* an das schulische Lernen heranzuführen.

Der Unterricht der Sekundarstufe kann auf diesem Fundament sozialen Lernens aufbauen. Die Unterstützung im Lernprozess erfolgt durch die Lehrperson bei der Arbeit mit den Jugendlichen auf der Grundlage einer für die Schülerinnen und Schüler spürbaren

Wertschätzung, die aber von einer starken kognitiven Komponente im Lehr-/Lern-Prozess begleitet wird. Die Phase der Pubertät der Jugendlichen und das bei manchen Schülerinnen und Schülern damit einhergehende abweichende Verhalten stellt für jede Lehrerin und jeden Lehrer in jedem Fach eine besondere Herausforderung dar. Die Begleitung der Jugendlichen beim Prozess des Erwachsenwerdens ist hingegen nicht nur ein besonderes Merkmal der Arbeit in der Sekundarstufe II, sondern ein sinngebender Moment auf *allen* Stufen der Arbeit in der Schule.

Bezüglich des Studiums sollte man sich dabei nicht der Illusion hingeben, dass das eine Lehramt leichter zu studieren sei als das andere. Die fachliche Dimension bleibt mit dem zu erwerbenden Fachwissen weitgehend identisch. Auch im Bereich der Erziehungswissenschaften bzw. Allgemeinen Pädagogik kommt es während des Studiums nur in Teilen zu thematischen Vorlesungs- und Seminarangeboten, die spezifisch auf das jeweilige Lehramt eingehen.

Schließlich ist es aber eine Besonderheit, die möglicherweise auch von Bedeutung bei der Entscheidung für das eine oder das andere Lehramt sein kann. Wie die authentische Rückmeldung einer Kollegin aus der Grundschule zeigt (siehe Kasten), muss man

**MATERIAL: RÜCKMELDUNG ZUR FÄCHERWAHL UND -KOMBINATION**

Name: Ina
Lehramt: Lehramt an Grund- und Hauptschulen (derzeit nur Grundschule)
Fächer: 1. Französisch
2. Deutsch

Meine Erfahrung mit dem Unterricht im Fach Französisch:
- macht viel Freude aufgrund hoher Motivation der Schüler durch ansprechendes Material und vielfältige Unterrichtselemente (Spiele, Lieder, Reime, landeskundliche Themen, Schreiben)
- anstrengend, da viel Vorbereitung notwendig
- durch Wechsel nach jeder Stunde Materialbereitstellung aufwändig

Meine Erfahrung mit dem Unterricht im Fach Deutsch:
- grundsätzlich strukturiertes Material vorhanden, aber anstrengend durch passgenaue Aufbereitung für die Klasse sowie Einbindung fächerübergreifender Aspekte
- viel Austausch mit Eltern notwendig, da Hauptfach

Meine persönlichen Erfahrungen mit der Fächerkombination in der Schule:
- positiv, da ich Französisch in mehreren Klassen erteile
- Grundsätzlich muss in der Grundschule Unterricht in jedem Fach erteilt werden, daher oft zeitliche Einschränkungen in den studierten Fächern.

als Lehrer/-in in der Grundschule damit rechnen, auch Unterricht in Fächern zu erteilen, die man nicht studiert hat. So kann es passieren, dass eine Lehrerin, die die Fächer Deutsch und Geschichte studiert hat, in einem Schuljahr auch das Fach Musik unterrichten muss. Eine solche Anforderung ist undenkbar auf der Sekundarstufe, wo das Prinzip der Unterrichtserteilung durch eine qualifizierte – und das meint: studierte – Lehrkraft in der Regel durchgehalten wird oder höchstens in einem den eigenen Fächern inhaltlich „nahen" Fach „fachfremd" unterrichtet wird.

## 2.5 Fächerwahl und Fächerkombination

Ganz wichtig ist die Antwort auf die Frage, welche Fächer man mit der beruflichen Zielperspektive „Lehramt" studieren möchte. Und wieder schießen die Erinnerungen an die eigene Schulzeit durch den Kopf. Da war der nette Mathelehrer, der immer mit Rollkragenpullover und einer dunkelblauen Cordjacke in den Unterricht kam. Und man denkt zurück an die junge Englischlehrerin, die lispelte, was ihr anfangs lästerhafte Bemerkungen einiger Jungen einbrachte, bis diese nicht nur merkten, dass diese Besonderheit eine glänzende „pronunciation" zur Folge hatte, sondern auch, dass Miss Meier sehr fordernd und streng war.

So schwer es auch sein mag, diese Erinnerungen an die eigene Schulzeit auszublenden, so wichtig ist es, sich die Tragweite der Fächerwahl und der damit verbundenen Entscheidung klarzumachen und sich entsprechend gründlich mit der Frage auseinanderzusetzen.

Die Fächer und die Fächerkombination sind in der späteren Lehrtätigkeit für die gesamte Laufbahn profilbildend. Dies bedeutet, dass in den Augen der Schulleitung, der Kolleginnen und Kollegen, der Eltern sowie der Schülerinnen und Schüler die Persönlichkeit mit den Fächern verknüpft wird. Man ist *die* Englisch- oder Französischlehrerin oder *der* Musiklehrer, und aus dieser Rolle kommt man in den rund 40 Jahren der Berufsausübung nicht heraus. Sowohl die inhaltliche Dimension der Fächer als auch deren formale Aspekte wirken sich auf die eigene Ausfüllung der Lehrerrolle aus.

Fächer haben im Bildungsgang der Schülerinnen und Schüler ein unterschiedliches Gewicht. Sowohl im Schulalltag als auch in den Schulzeugnissen wird zwischen „Hauptfächern" und „Nebenfächern" unterschieden. Hauptfächer haben einen größeren wöchentlichen Stundenumfang als Nebenfächer, und der Kor-

> Schulfächer haben unterschiedliches Gewicht.

rekturaufwand ist in einem Hauptfach wie Englisch erheblich im Vergleich zu einem Fach wie Sport oder Musik. Für diese unterschiedliche Arbeitsbelastung gibt es in der Regel keinen Ausgleich. Zugleich ist aber auch daran zu denken, dass man als Vertreter eines Hauptfaches durch das Fach selbst unter Umständen mit einem Autoritätsbonus bei der Schulleitung den Schülerinnen und Schülern rechnen kann. Das zeigt die Rückmeldung eines Kollegen mit den Fächern Deutsch und Religion (siehe Kasten).

**MATERIAL: Rückmeldung zur Fächerwahl und -kombination**

> Name: Tim
> Lehramt: Sekundarstufe II (Gymnasium)
> Fächer: 1. Deutsch
> 2. Religionslehre
>
> Meine Erfahrung mit dem Unterricht im Fach Deutsch:
> Der Deutschunterricht stellt mich in Zeiten des Zentralabiturs mit dichtgedrängten Klausurplänen und vorgegebenen Lektüren vor die besondere Herausforderung, die Schülerinnen und Schüler für Literatur zu motivieren. Dies gelingt oft durch popkulturelle Zugänge und schüleraktivierende Methoden, die viel Vorbereitungszeit in Anspruch nehmen. Aber der Aufwand lohnt sich meistens, denn die Lernenden und ich haben zumeist Freude am Unterricht.
> Frustrierend sind die sehr zeitaufwändigen Korrekturen von Klausuren der Oberstufe.
>
> Meine Erfahrung mit dem Unterricht im Fach Religion:
> Der Religionsunterricht ermöglicht es, den Schülerinnen und Schülern auf einer persönlicheren Ebene zu begegnen. Oft werden existenzielle Fragen thematisiert, die die Lernenden direkt betreffen. So entstehen oft intensive und zeitweise sehr offene Gespräche, für die es auch oft genügend Raum gibt.
> Andererseits merke ich auch deutlich, dass viele Schülerinnen und Schüler, aber auch Kolleginnen und Kollegen, Religionslehre nicht als „vollwertiges Fach" ansehen. Die Lernenden sehen nicht ein, dass man auch mal Hausaufgaben machen oder sich mit schwierigen theologischen Texten auseinandersetzen muss, sondern sehen die Religionsstunde eher als entspannte „Laberrunde".
>
> Meine persönlichen Erfahrungen mit der Fächerkombination in der Schule:
> Mit den beiden Fächern habe ich für mich hinsichtlich der Arbeitsbelastung eine gute Kombination gewählt. Zwar ist der Arbeitsaufwand, gerade was die Deutschkorrekturen in der Oberstufe angeht, oft enorm, aber verglichen mit den Kollegen mit der Fächerkombination Englisch/Deutsch sind freie Wochenenden die Regel und nicht die Ausnahme.

Zusätzlich zu diesen vor allem dem System Schule geschuldeten Zusammenhängen mit der Fächerwahl, gibt es Überlegungen, die stärker die eigene Persönlichkeit ins Spiel bringen. In dem Zusammenhang gilt es, sich immer wieder Folgendes vor Augen zu führen: Die Marke seines eigenen Autos kann man im Laufe des Lebens wechseln. Im Gegensatz dazu begleiten einen die studierten Fächer ein berufliches Leben lang.

Bei der Entscheidung zugunsten eines Studien- und späteren Lehrfaches sind die eigenen Fähigkeiten und Fertigkeiten, erworben im Elternhaus, in der Schule oder durch außerschulische Aktivitäten, ein wichtiges Kriterium. Die Freude am Umgang mit bestimmten Inhalten, eine emotionale Bindung an ein Fach bilden gute Voraussetzungen für das wissenschaftliche Studium und die spätere berufliche Tätigkeit. Zugleich ist zum Beispiel das Unterrichten eines Sprachfaches (Stichwort „Klassenfahrt") fast immer auch verbunden mit der Bereitschaft, eine Lerngruppe ins Zielsprachenland, im Fach Deutsch in eine Theateraufführung zu begleiten oder – wie das Beispiel des Kollegen Tim zeigt – sich mit der Lerngruppe über sehr persönliche, existenzielle Fragen auszutauschen, diesen Prozess zu initiieren und zu begleiten. Es ist wichtig, auch diese Facetten eines Faches mitzubedenken.

**REFLEXIONSAUFGABE 2.4**

Welche Tätigkeiten, Unternehmungen und Handlungsfelder (auch außerhalb des regulären Schulunterrichts) sind für Ihre Fächer bedeutsam? Legen Sie eine Liste an, die diese (außerunterrichtlichen) Aktivitäten pro Fach auflistet. Gibt es Unterschiede zwischen verschiedenen Schulformen, der Grundschule und den Sekundarstufen?

Gibt es besonders geeignete oder weniger geeignete Fächer in Verbindung mit einem anderen Fach? Abgesehen von administrativen Bestimmungen in einzelnen Bundesländern ist man als Studierende oder Studierender in der Fächerwahl frei. Es gibt auch aus der Erfahrung keine Fächerkombinationen, die von vornherein auszuschließen sind. Ästhetische Fächer wie Musik und Kunst können durch entsprechende Inhalte Eingang in den Sprach- und gesellschaftswissenschaftlichen/geschichtlichen Unterricht finden. Eine Brücke zwischen den naturwissenschaftlichen Fächern wie zum Beispiel Biologie, Chemie und Physik ergibt sich vor allem durch sachlogische Beziehungen und ähnliche oder identische methodische Verfahren. Und selbst Lehrer mit den Fächern Mathematik und Sprache haben gute Gründe für die Fächerkombination, denn in beiden Fachbereichen bilden Strukturen und Strategien wichtige Bausteine. Und die Erfahrungen einer Kollegin mit der Fächerkombination Englisch und Sozialkunde (siehe Kasten) zeigen, wie unterschiedliche Parameter insgesamt zu einem positiven Berufsbild führen.

## 2.5 Fächerwahl und Fächerkombination

**MATERIAL: Rückmeldung zur Fächerwahl und -kombination**

Name:     Uta
Lehramt:  Gymnasium
Fächer:   1. Sozialkunde
          2. Englisch

Meine Erfahrung mit dem Unterricht im Fach Sozialkunde:
- abwechslungsreiche Inhalte durch den aktuellen Anspruch des Faches
- dadurch in der Vorbereitung der Stunden sehr intensiv
- bei den Schülern vorwiegend beliebtes (aber oft unterschätztes) Fach
- wird zum Teil nicht so ernst genommen wie zum Beispiel Englisch

Meine Erfahrung mit dem Unterricht im Fach Englisch:
- Motivation der Schüler ist im Anfangsunterricht sehr hoch und lässt dann leider (zum Teil stark) nach, dies ist in Sozialkunde eher umgekehrt.
- Durch die recht hohe Wochenstundenzahl (im Vergleich zu Sozialkunde) lernt man die Schüler schnell gut kennen.
- Es sind Rituale und Routinen möglich.

Meine persönlichen Erfahrungen mit der Fächerkombination in der Schule:
Ich finde meine recht seltene Fächerkombination nach wie vor gut, bereits im Studium sorgten beide Fächer (Politologie und Anglistik) für Abwechslung durch die unterschiedlichen Zugänge und Perspektiven. Man kann auch in der Unterrichtsarbeit Parallelen zwischen beiden Fächern ziehen bzw. vom jeweils anderen profitieren. Aber die Kombination der beiden Fächer bietet eben auch Abwechslung (man ist nicht nur reine Sprachenlehrerin wie bspw. bei der Kombination Englisch/Französisch), man erhält eher die Chance, Lernende von einer anderen Seite kennenzulernen und kann methodisch stärker variieren.
Beiden Fächern gemeinsam ist aus meiner Sicht die starke mündliche Orientierung und die methodische Vielfalt, mit der man den Unterricht gestalten kann.

Der in Reflexionsaufgabe 2.5 gezeigte beispielhafte Fragebogen des CCT (http://www.cct-germany.de) bietet einen geeigneten Ausgangspunkt zur Selbsterkundung in der Frage der zu studierenden und später zu unterrichtenden Fächer. In das Beispiel wurden zur Illustration die Fächer Englisch und Sport eingetragen, aber bei der Bearbeitung im Internet gilt es selbstverständlich, die eigenen Fächerpräferenzen zu notieren. Auch hier erfolgt im Anschluss an die Beantwortung des Fragenkatalogs eine Auswertung.

## 2 Mein Berufswunsch: Lehrerin/Lehrer

**REFLEXIONSAUFGABE 2.5**

Online-Fragebogen zur Fächerwahl:

**Fachwahl-Fragebogen: Welches Fach soll ich wählen?**
Quelle: Projekt Career Counselling for Teachers, http://www.cct-germany.de

Bei den folgenden Fragen sollen Sie Entscheidungen zwischen den beiden Fächern treffen. Wählen Sie die Alternative „?" nur dann, wenn Sie sich bei einer Frage wirklich für keines der beiden Fächer entscheiden können.

1 Bei einem Quiz stehen zwei Wissensgebiete zur Auswahl: Für welches entscheiden Sie sich?
   Englisch .................................................. ? .................................................. Sport
2 Welches Fach hat mehr Bedeutung für das spätere Leben der Schüler/innen?
   Englisch .................................................. ? .................................................. Sport
3 Sie kommen neu in eine Gruppe von Menschen: Mit welchem Lehramtsfach stellen Sie sich lieber vor?
   Englisch .................................................. ? .................................................. Sport
4 Es werden Sommerkurse angeboten, in denen man sich in einem Fachbereich „praktisch" betätigen kann: Welchen Kurs wählen Sie?
   Englisch .................................................. ? .................................................. Sport
5 In welchem Fach waren Sie in der Schule „besser"?
   Englisch .................................................. ? .................................................. Sport
6 Das Leben besteht nicht nur aus Arbeit: Welches Fach nützt Ihnen im privaten Leben mehr?
   Englisch .................................................. ? .................................................. Sport
7 In welchem Fach macht Ihnen voraussichtlich das Unterrichten mehr Spaß?
   Englisch .................................................. ? .................................................. Sport
8 Sie kommen in eine Buchhandlung: In welcher Fachabteilung halten Sie sich länger auf?
   Englisch .................................................. ? .................................................. Sport
9 Bei einem Schulfest sollen Sie praktisches Können aus einem Fach demonstrieren: Welches Fach wählen Sie?
   Englisch .................................................. ? .................................................. Sport
10 Sich mit einer Sache zu beschäftigen, beeinflusst auch das Wohlbefinden: Welches Fach hebt Ihre Stimmung eher?
   Englisch .................................................. ? .................................................. Sport
11 Für den Fall, dass Sie einmal aus dem Lehrerberuf aussteigen möchten: Welches Fachstudium wäre beruflich besser verwertbar?
   Englisch .................................................. ? .................................................. Sport
12 Welches Fach kommt bei den Schüler/innen vermutlich besser an?
   Englisch .................................................. ? .................................................. Sport

## 2.6 Aus der Schule (über die Universität) in die Schule?

Die Entscheidung für den Lehrerberuf fällt in der Regel zum Abschluss der Schulzeit nach dem bestandenen Abitur und vor der Aufnahme des Hochschulstudiums – einem weiteren Lernort. Nach dem erfolgreichen Hochschulabschluss geht es dann für die angehende Lehrperson zurück in die Schule.

Mit diesen wenigen Worten ist eine Besonderheit des Lehrerberufs skizziert, die ihn von den meisten anderen Berufen unterscheidet: *Der institutionelle Rahmen, dessen wesentliches Merkmal ein Lehr-/Lern-Prozess ist, wird nicht verlassen.* Zwar wechselt der Status vom Lernenden zum Lehrenden, aber Wissensaufnahme und Wissensvermittlung bleiben bestimmend für ein ganzes Berufsleben. Ohne näher in eine philosophische Betrachtung eintreten zu wollen, stellt sich die Frage: „Ist es denkbar, ja ratsam, Lebenserfahrung in einem anderen beruflichen Umfeld zu sammeln, bevor man den Lehrerberuf ergreift?"

Ein erfahrener Lehrer äußerte sich in einem Interview wie folgt: „Ein wenig auf der Wiese des Lebens zu grasen und damit verbunden ein wenig Lebenserfahrung außerhalb der Schule zu sammeln, ist nicht die schlechteste Voraussetzung, um Schülern mehr mitzugeben als die eigenen Schulerfahrungen, von denen man nie Abstand genommen hat."[3]

Das ist eine Überlegung, die durchaus ihre Berechtigung hat. Und sie kann noch durch weitere Aspekte ergänzt werden: Viele Lehrerinnen und Lehrer beklagen sich im Laufe ihres Berufslebens zunehmend über ihre Arbeitsbedingungen. Aber sind die subjektiv konstatierten Verschlechterungen, seien sie institutionsspezifisch oder seien sie Teil gesellschaftlicher Veränderungen, nicht auch in anderen Berufsfeldern feststellbar? Berufliche Realitäten außerhalb der Institution Schule entziehen sich weitgehend der Kenntnis der Lehrerinnen und Lehrer, deren Parcours von der Schule in die Schule führt.

Ein weiterer Gedanke, den man schon als junger Mensch bei der Berufswahl berücksichtigen sollte, betrifft die Laufbahn einer Lehrperson. Ist die Lehrertätigkeit eine Einbahnstraße? Die Antwort ist ein klares „Nein"! Sicher werden viele Lehrende ihre Laufbahn mit einem höheren Dienstgrad als Lehrpersonen nach 35 bis 40 Jahren Dienstzeit beenden. Aber außer denen, die sich für die

> Der Lehrerberuf ist keine Einbahnstraße.

---

[3] Torsten Larbig im Interview zum Thema „Was macht einen guten Lehrer aus": http://karrierebibel.de/herr-larbig-was-macht-einen-guten-lehrer-aus/ (Zugriff: 16.09.2016).

anspruchsvolle Tätigkeit als Schulleiter/-in qualifizieren wollen, gibt es durchaus Bereiche in der Wirtschaft oder anderen beruflichen Feldern, in denen die sozialen Kompetenzen oder die fachlichen Kompetenzen einer Lehrperson geschätzt sind. Dazu gehören zum Beispiel soziale Tätigkeiten, Berufe im Verlagswesen oder bei den Medien. Und schließlich gibt es überzeugende Beispiele von Lehrerinnen und Lehrern, die ihre eigenen pädagogischen Ideen mit der Gründung eines eigenen Unternehmens umgesetzt haben.

**ZUM WEITERLESEN**

Rothland, M. (2007): *Belastung und Beanspruchung im Lehrerberuf. Modelle, Befunde, Interventionen.* Wiesbaden: VS Verlag für Sozialwissenschaften.

# 3 Die Qualifizierungsinstanzen Hochschule und Studienseminar

Hat man gerade sein Abitur, vielleicht ein freiwilliges soziales Jahr oder gar eine Ausbildung abgeschlossen, erscheint das Konzept „Universität" recht eingängig zu sein: Die Hochschule ist eine Einrichtung, die nach ähnlichen Regeln spielt wie das Schulsystem, in das man später als Lehrer/-in zurückkehrt. Einige böse Zungen meinen, dass die Hochschulen etwas „Schulhaftes" oder gar „Verschultes" haben sollen, als Folge des sogenannten Bologna-Prozesses, die europaweite Vereinheitlichung und Anerkennung von Studiengängen. Stundenpläne seien fast komplett vorgegeben, ein ganzes Curriculum an Seminaren und Modulen, die logisch aufeinander aufbauen und zu einem Bachelor- oder Master-Abschluss führen, warteten darauf, konsumiert zu werden.

Dass dies nicht ganz der Realität entspricht, merkt man spätestens am ersten Tag an der Hochschule, wenn man zum ersten Mal seinen Fachbereich oder seine Institute besucht und staunend vor dem Informationsbrett Veranstaltungstitel entdeckt wie:

- Einführung in die Sprachwissenschaft
- Allgemeine Pädagogik und Erziehungswissenschaft
- Zellbiologie
- Einführung in Bewegungswissenschaften
- Grundlagen der Mathematik/Physik/Chemie/Informatik
- Anorganische Chemie I
- Einführung in das Pflichtmodul „Internationale Beziehungen" (Politik)
- Vorbereitungskurs Praxissemester

Die Liste ist beliebig erweiterbar – und man fragt sich in Anbetracht des mitgebrachten Schulwissens: Was ist das alles? Kann ich den Ansprüchen gerecht werden, die in diesen Themen zum Ausdruck kommen? Bevor man nun aber verschreckt an der Studiengangswahl (ver-)zweifelt: Man wird an der Hochschule mit einer Vielzahl neuer „Fächer" und neuen „Fächerinhalten" (= Lehrveranstaltungen) konfrontiert, die zunächst einmal irritieren mögen.

## 3.1 Die Rolle der Universität/Hochschule für mich und meinen Beruf

Die Universität versteht sich als Ort der wissenschaftlichen Durchdringung von Phänomenen dieser Welt – und darüber hinaus. *Die Lehrerbildung ist keine Angelegenheit, die als prioritäre Aufgabe dieser Institution angesehen wird.* Wenn in den letzten Jahren eine Hinwendung zu diesem Aufgabengebiet zu beobachten ist, dann bleibt der Theorieanteil hoch, und dies nicht ohne Grund: Schließlich werden hier an den Fakultäten, in Instituten und Fachbereichen auf Basis von Forschung Empfehlungen auch für schulpädagogisches Handeln entwickelt. Zu der häufig zitierten und von Studierenden beklagten Diskrepanz zwischen Theorie und Praxis ist Folgendes zu sagen: Das Selbstverständnis der Vermittlung von vermeintlich von der Praxis losgelöstem Wissen in Universitäten ist zwar auch teilweise auf ältere Strukturen zurückzuführen, die eine gewisse Tradition mit sich bringen. Allerdings: Selten ist die Theorie an sich das Problem, die aus dieser Tradition und der Anbindung an Forschung durchaus ihre Berechtigung hat. Das Problem liegt häufig darin begründet, dass die Theorie nicht unmittelbar an Praxis angeknüpft und in dieser ausprobiert, (un-)mittelbar hinterfragt (reflektiert) werden kann. Dies erschwert für die Studierenden häufig die Vereinbarkeit ihrer eigenen biografischen Konzepte von Schule und Bildung mit den Ansprüchen der Hochschule.

**HINWEIS**
Das Theorie-Praxis-Dilemma kann selbstständig bearbeitet werden, wenn eigene Theorie möglichst früh in eigener Unterrichtspraxis reflektiert wird.

Was einem folglich an Veranstaltungstiteln und -inhalten zu Beginn und im Laufe des Lehramtsstudiums begegnet, mag mit dem Lehrerberuf zuweilen erst einmal nicht viel zu tun haben. Wie in Kapitel 1 allerdings bereits aufgezeigt wurde, greift die professionelle Lehrkraft nach Baumert und Kunter (2006) auf verschiedene Wissensbereiche zurück:

- *Fachwissen,* also (wissenschaftliche) Kenntnisse der theoretischen Aspekte der Fächer,
- *pädagogisches Wissen* wie allgemeindidaktische Konzepte, das Wissen um die Planung von Unterricht, Methodenwissen, Prinzipien des Diagnostizierens und Förderns,
- *fachdidaktisches Wissen* zur methodisch-didaktisch begründbaren Reduzierung, Aufbereitung und lernstandsbezogenen, differenzierenden Übertragung des Fachwissens in Unterrichtszusammenhänge,
- *Organisations- und Beratungswissen,* das in Interaktion mit Schülerinnen und Schülern (aber zum Beispiel auch Eltern) nötig ist.

## 3.1 Die Rolle der Universität/Hochschule für mich und meinen Beruf

**REFLEXIONSAUFGABE 3.1**

Nehmen Sie nochmal kurz das Brainstorming zur Hand, das Sie für Reflexionsaufgabe 1.2 in Kapitel 1.2 angefertigt haben („regelmäßige Tätigkeiten als Lehrer/-in").
Ordnen Sie die von Ihnen dort aufgeführten Tätigkeiten den Wissensbereichen nach Baumert/Kunter zu. Konnten Sie alle Tätigkeiten zuordnen? Überwiegt ein Bereich? Fehlten in Ihrer Sammlung Wissensbereiche? Gibt es Überschneidungen?

Im Lehramtsstudium nehmen zwei Bereiche eine zentrale Rolle ein: Dies sind die Wissensbereiche, die stark theoriegeleitet *Fachwissen* und – im begleitenden Pädagogikstudium – *pädagogisches Wissen* aufbauen. Beide Bereiche sind insofern bedeutsam, als dass sie eine inhaltliche, fachliche, zuweilen theorieorientierte Grundlage legen sollen für die späteren fachdidaktischen, möglicherweise erzieherischen und beratenden Entscheidungen der Lehrerin und des Lehrers in Schule und Unterricht.

Dass sich dieses recht theoretische Wissen und die Inhalte, die Sie in insbesondere fachwissenschaftlich ausgerichteten Seminaren, zunächst scheinbar nicht an Schulpraxis anknüpfen lassen, ist aufgrund der Abstraktionsebene und der Detailliertheit mancher Themen ein Gedanke, der aufkommen mag. Jedoch sind hier drei Anmerkungen bedeutsam:

- Einen großen Teil des Fachwissens, das man im Laufe des Studiums erwirbt oder erworben hat, wird man selten auf diese Weise an Schülerinnen und Schüler in einem Lehr-/Lern-Prozess weitergeben. Es ist theoretisches Wissen, das für die Zielgruppe Erwachsene im Lehramtsstudium konzipiert und aufbereitet wurde. Dennoch bildet es aus fachwissenschaftlicher Sicht eine wichtige Grundlage, ein Fundament, für den didaktisch reduzierten oder zu reduzierenden Unterrichtsstoff, den man im eigenen Unterricht später anbietet.
- Gleichzeitig wird man im späteren Unterricht immer wieder mit Fachwissen konfrontiert, das im eigenen Studium (noch) keine Rolle gespielt hat – entweder weil man selbst (oder die Hochschule) andere inhaltliche Schwerpunkte gewählt hat, weil bildungspolitische Vorgaben wie Lehrpläne oder Curricula andere Themen vorgeben oder weil sich das Fachwissen der Disziplin weiterentwickelt hat und man dementsprechend auch fachwissenschaftlich „up-to-date" bleiben kann.
- Parallel ist jedoch auch empfehlenswert, jederzeit die Bedeutung insbesondere fachwissenschaftlicher (aber auch pädagogischer und fachdidaktischer) Veranstaltungen im Hinblick auf die persönliche Perspektive und den späteren Lehrerberuf zu hinterfragen.

## 3 Die Qualifizierungsinstanzen Hochschule und Studienseminar

Fachwissen praktisch anzuknüpfen und zu reflektieren ist im universitären Kontext häufig aufgrund der Studienplanung und -struktur nur selten möglich: Bestimmte Vorlesungsinhalte oder Seminare können nicht ständig in Praktika umgesetzt werden, häufig fehlt in Seminaren die Zeit, Unterrichtssituationen zumindest zu simulieren. Auch werden Simulationen erfahrungsgemäß nicht selten eher durchschnittlich angenommen: Rollenspielhafte Versuche werden schnell von Studierenden als lächerlich abgetan, da sie nicht wieder in die Rolle von Schülerinnen und Schülern schlüpfen wollen oder weil der gewählte Simulationsschwerpunkt beliebig ist, das heißt ohne gründliche Vor- und Nachbereitung und mit nur schwacher Begründung durchgeführt werden. Dabei bieten transparent und intelligent gestaltete Simulationen durchaus die Chance zur Anknüpfung und Reflexion theoretischen Wissens in praxisähnliche Kontexte.

Natürlich kann man diese in der Regel strukturell bedingte, mangelnde Verknüpfung des angehäuften theoretischen Wissens an praktische Unterrichtszusammenhänge kritisieren – und das wird ja auch vielerorts wiederholt getan. Für (angehende) Lehrkräfte hat dies allerdings nur geringe unmittelbare Auswirkungen (wenn überhaupt). Es bringt einen nicht voran in dem Ziel, eine gute Lehrerin oder ein guter Lehrer zu werden. In diesem Abschnitt geht es uns darum, dass man als handelnde Person (als Lehramtsstudent) von Beginn an Inhalte der Ausbildung kritisch hinterfragt und, soweit es geht, an praktisches Handeln anknüpfen.

**REFLEXIONSAUFGABE 3.2**

---

Wiebke besucht im Laufe ihres Lehramtsstudiums, um ihre Scheine und Module im Bereich Literaturwissenschaften zu erhalten, ein Seminar zu südamerikanischer Kinderliteratur – auf Spanisch natürlich, Seminarthema und die Kurzbeschreibung im Vorlesungsverzeichnis haben sie direkt angesprochen. Die Seminarinhalte sind auch spannend, es werden verschiedene Lektüren besprochen und diskutiert, literaturwissenschaftlich epochenspezifisch und kulturell beleuchtet ... Als sie kurz vor ihrem Examen steht, kommt Wiebke ins Grübeln: Das Seminar war hochinteressant, sie erinnert sich auch noch gern an die anregenden Diskussionen mit Dozent und Kommilitonen, aber: „Was hat das inhaltlich jetzt genau mit meinem Fremdsprachen-Lehramtsstudium zu tun gehabt?"

Was meinen Sie? Geht oder ging Ihnen das auch so? Sehen Sie in einem solchen Seminar (oder ähnlichen Seminaren, die angeboten werden) einen Mehrwert für das Lehramt?

**REFLEXIONSAUFGABE 3.3**

> Stellen Sie sich einen Timer auf 3 Minuten. Notieren Sie dann auf einem Zettel alle Themen aus Ihren Studienfächern, die Sie bearbeitet haben und die Ihnen spontan einfallen.
>
> Im Rahmen Ihres Lehramtsstudiums besuch(t)en Sie Veranstaltungen zu verschiedenen inhaltlichen Schwerpunkten und Themen. Analysieren Sie Ihre auf dem Zettel gesammelten Themen:
> - Welche Themen waren besonders präsent und warum?
> - Haben Sie mehr fachwissenschaftliche, mehr pädagogische Themen oder mehr fachdidaktische Themen notiert? Warum?
> - Gab es besondere Dozenten, durch die bestimmte Inhalte besser in Erinnerung geblieben sind?
> - Markieren Sie farblich die Themen, die Sie deshalb notiert haben, weil Sie persönlich schon Vorwissen oder Anknüpfungspunkte, eine persönliche Motivation mitgebracht hatten.
> - Wenn Sie bereits im Schuldienst sind: Markieren Sie farblich Themen, die für Sie aktuell beim Unterrichten relevant sind.

Anhand der Analyse zu den ersten beiden Fragen der Reflexionsaufgabe 3.3 zu den Studienfach-Themen kann man schon einen ersten Einblick dazu gewinnen, wie explizit und nachhaltig bestimmte Wissensbereiche oder Schemata durch das Lehramtsstudium angelegt sind. Allerdings haben sich sicherlich durch die nachfolgenden Fragen auch andere Perspektiven ergeben: Habe ich ein bestimmtes Seminar vielleicht gar nicht wegen der Inhalte oder angestrebten Lehrkompetenzen besucht, sondern weil mir der Dozent oder die Dozentin sympathisch war? Oder ist mir eine andere Veranstaltung mit ihrem Stoff primär deswegen in Erinnerung geblieben, weil es eine der (subjektiv empfunden) sinnlosen Veranstaltungen war?

## 3.2 Praxis- und Erprobungserfahrungen

Bereits in der ersten Phase der Lehrerbildung werden im Rahmen von *schulpraktischen Studien* oder *Praxissemestern* Praxiserfahrungen ermöglicht, auch wenn diese häufig dem geforderten Wunsch nach mehr Praxis im Studium bei einer relativ überschaubaren Stundenzahl und wenig angeleitetem oder selbst verantwortetem Unterricht kaum erfüllen können. Insbesondere das erste Schulpraktikum kann primär zwei Zielen dienen: zum einen dem individuell zu absolvierenden Rollenwechsel aus der Lernendenperspektive des Schülers/der Schülerin in die angestrebte Lehrendenperspektive, zum anderen – und sicherlich mit vorherigem verbunden – der Festigung des Berufswunschs „Lehrer/-in".

## 3 Die Qualifizierungsinstanzen Hochschule und Studienseminar

**REFLEXIONSAUFGABE 3.4**

Erinnern Sie sich zurück an Ihr erstes Unterrichtspraktikum während des Studiums. Mit welchen Gefühlen sind Sie in dieses Praktikum gegangen? Welche Relevanz hatten die Inhalte, Schwerpunkte und Erfahrungen aus diesem Praktikum für Ihr weiteres Studium?

Die Erfahrung zeigt, dass es Studierenden häufig nicht gelingt, die über die beiden oben genannten Ziele hinaus gesteckten Erwartungen an die (ersten) Schulpraktika zu erfüllen wie zum Beispiel „Unterricht zu planen", „am Vorwissen der Schülerinnen und Schüler anzuknüpfen" oder eine bestimmte Fertigkeit in der beobachteten Stunde zu fördern.[4] Dies lässt sich in unseren Augen recht einfach begründen: *Man ist zum Zeitpunkt des ersten Schulpraktikums im Verlauf des noch von Unsicherheiten geprägten Lehramtsstudiums noch (lange) nicht in der Lehrerrolle angekommen.* Es ist noch zu viel Energie aufzuwenden, um in die Rolle zu schlüpfen, sodass Kernelemente des Lehrerhandelns (Vermittlung von Inhalten und Kompetenzen, *classroom management*, routinierter Einsatz von Methoden und Medien) noch gar nicht „sitzen" können. So geht es jedem! Bedeutender ist, dass man diese Praktika nutzt, um möglichst bewusst, möglichst stark den Wechsel in die Lehrerrolle schon vorzubereiten und um dann vielleicht schon kleinere unterrichtspraktische Feinheiten ausprobieren zu können.

> Erfahrungen aus affinen Praxisfeldern können für die Vorbereitung auf den Lehrerberuf hilfreich sein.

Falls möglich, sollte man versuchen, *ab der zweiten Hälfte des Studiums* an studienortnahen Schulen als Vertretungslehrer/-in über das Schulpraktikum hinaus zu arbeiten, um weitere Lehrpraxiserfahrungen zu sammeln. Dazu bietet sich frühestens der Zeitpunkt nach der Hälfte Ihres Studiums an, da mindestens das erste Schulpraktikum sowie einige fachdidaktische Veranstaltungen absolviert sein sollten, um den Wechsel in die Lehrerrolle zumindest schon angebahnt zu haben und erste Wissensschemata aus dem Studium mit Praxiserfahrungen anreichern können.

Übrigens: Viele Lehramtsstudierende geben Nachhilfe und leisten dabei wertvolle Arbeit bei der Unterstützung der Schülerinnen und Schüler. Allerdings entspricht diese Form des Lehrens in Einzel- und Kleingruppenunterricht in den seltensten Fällen dem, was in der späteren schulischen Lehrtätigkeit erwartet wird. Es ist damit in unseren Augen *nicht* gleichzusetzen mit der praktischen Unterrichtserfahrung mit Gruppen.

---

4 Einen guten Überblick über aktuelle Forschung zu Praktika/Praxisphasen und deren Wirksamkeit in der universitären Lehrerbildung bieten Arnold/Gröschner/Hascher (2014).

Orly (2008) hat ein Mentorenprogramm für angehende Lehrkräfte vorgeschlagen, bei denen Studierende Schülerinnen und Schüler über einen längeren Zeitraum begleiten, ihnen zur Seite stehen, Ansprechpartner/-innen für bestimmte schulische Schwierigkeiten werden. Konzeptionell entspricht dies auch einer Form von Nachhilfe, wenn auch noch nicht so stark institutionalisiert. Es vermag allerdings vermutlich nur einen ersten Schritt in die Richtung Abschied von der eigenen Schülerrolle sein.

Auch wenn man die ersten Unterrichtsbesuche (auch später im Vorbereitungsdienst) absolviert, wird nicht alles „rund" laufen, Praktikumsbetreuer/-innen und Ausbilder/-innen werden Elemente der Stunden kritisieren, Empfehlungen geben, beraten, möglicherweise auch im ersten Moment nicht nachvollziehbare Kritik üben. Das Wichtige ist dabei, dass man sich selbst in seiner Lehrerrolle (wieder-)findet, mit Abstand das eigene Handeln reflektiert und die Beratungsangebote wahrnehmen kann. *Diese zugegebenermaßen seltenen, aber arbeitsintensiven und dann häufig emotionsgeladenen Situationen der Unterrichtsbesuche sollten ganz gezielt genutzt und als Chance gesehen werden, um sich weiterzuentwickeln.* Diese Entwicklung kann bis zum nächsten Unterrichtsbesuch dabei aber nur in einzelnen Bereichen geschehen: (Angehende) Lehrpersonen sollten sich (am besten in Absprache mit ihrer Ausbilderin oder ihrem Ausbilder) zwei oder drei Ziele für den nächsten Unterrichtsbesuch setzen, Elemente, die man weiterentwickeln möchte (zum Beispiel das Zeitmanagement, wenn das Stundenziel nicht erreicht wurde, oder – immer wieder gern kritisiert – das „Lehrerecho" abzustellen) ganz im Sinne von Wygotskis *Zone der proximalen Entwicklung* (1978).

**ZUM WEITERLESEN**

Wygotsky, L. S. (1978): *Mind in society: The development of higher psychological processes.* Cambridge, MA: Harvard University Press.

Für die Entwicklung der eigenen Lehrkompetenzen gilt es also, den jeweils aktuellen Entwicklungsstand zu diagnostizieren und gemeinsam zum Beispiel mit Praktikumslehrpersonen, Ausbilderinnen und Ausbildern, Mentorinnen und Mentoren oder auch Kollegen weiterzuentwickeln.

## 3.3 Die Rolle des Studienseminars/Vorbereitungsdienstes für mich und meinen Beruf

Ist man schon zu Beginn des Studiums in der „Institution Universität" auf vielerlei Fremdes gestoßen, grüßt die sogenannte zweite Phase der Lehrerbildung ähnlich wie das sprichwörtlich bekannt gewordene Murmeltier: Auch hier finden sich Strukturen, die zunächst fremd wirken, ungewohnt. Man ist mit dem Eintritt in den Vorbereitungsdienst plötzlich Staatsdiener/-in, Beamte/-r auf Widerruf, man wird vereidigt, muss sich an Verordnungen, Erlasse und Schulgesetze halten, die man vorher so in der Detailliertheit nicht wahrgenommen hat. Und außerdem besucht man Seminare, Modulsitzungen und muss sich im eigenen Unterricht beweisen und in Unterrichtsbesuchen bewähren.

> Referendare erfüllen eine Doppelrolle als Lernende und Lehrende. Sie müssen sich beider Rollen jederzeit bewusst sein.

Der Vorbereitungsdienst ist nicht nur aufgrund der vielfältigen Aufgaben hochkomplex. Aufgrund der Ambivalenz, Lehrer/-in an einer Schule zu sein und gleichzeitig noch im Studienseminar ausgebildet zu werden, erfüllt man als Referendarin oder Referendar eine *Doppelrolle im Kontext von Lehren und Lernen*. Die Organisationsform Studienseminar hat dabei in der Regel recht klare Strukturen, in die man eingeführt wird: allgemein-pädagogische Seminare bereiten auf die alltäglichen Herausforderungen von Schule und Unterricht vor, während die fachspezifischen Veranstaltungen fachdidaktische Lehrkompetenzen stärken sollen.

Der Vorbereitungsdienst ist dabei eine sehr lernintensive Zeit, die pädagogisch wie menschlich sicherlich bereichert, aber auch fordert. Erfahrungsgemäß sind folgende Bedingungen für einen guten Einstieg und das „Durchhalten" dieser Phase wichtig:

- Wissen, das man aus der Hochschule mitbringt, sollte man unbedingt einbringen in Seminarsitzungen, Veranstaltungen und den Unterricht des Vorbereitungsdienstes. Hier ist die Gelegenheit, dieses Wissen praktisch zu verankern und die Theorie auf ihre Umsetzbarkeit in der Schule zu überprüfen.
- Es sollte die Chance genutzt werden, mit dem theoretischen Wissen auf Grundlage eigener didaktisch-methodischen Entscheidungen zu experimentieren. Man hat die Gelegenheit an der eigenen Reflexionsfähigkeit zu arbeiten (siehe Kapitel 4.5), um auch Ausbilderinnen und Ausbildern eine persönliche Entwicklung transparent zu machen.
- Die Öffnung für ein Arbeitsbündnis mit Kolleginnen und Kollegen an der Ausbildungsschule, den Mit-Referendarinnen und Mit-Referendaren sowie den Ausbilderinnen und Ausbildern ist für einen erfolgreichen Vorbereitungsdienst unerlässlich.

Dieses Arbeitsbündnis sollte von Offenheit, Transparenz und gegenseitigem Respekt geprägt sein. Angehende Lehrer/-innen auf der einen Seite und Ausbilder/-innen auf der anderen können vom Wissen und der Erfahrung der anderen nur profitieren!

- Es hat sich bewährt, den eigenen Entwicklungsbedarf (bzw. Entwicklungsaufgaben – siehe unten) für sich bereits zu Beginn des Vorbereitungsdienstes gleichsam im Selbsttest zu diagnostizieren. Dies sind ausdrücklich keine Schwächen (und sollten auch nicht als solche gesehen werden!), sondern Bereiche (ausstehende Aufgaben), in denen man durch die Spezifika und Vorgaben der Hochschule und Ausbildung in der ersten Phase, die besucht wurde, einfach noch nicht die Gelegenheit hatten, sich zu entwickeln. Nun ergibt sich die Gelegenheit, die eigene Entwicklung in diesen Feldern voranzutreiben.
- Am Studienseminar wird der künftigen Lehrkraft in besonderer Weise der Charakter einer Ausbildungsinstitution deutlich. Erfahrene Ausbilderinnen und Ausbilder geben ihre Expertise an junge Lehrkräfte weiter. Dieser Prozess ist manchmal schmerzhaft und von Missverständnissen geprägt, wenn aufwändig vorbereitete Unterrichtsentwürfe oder die Unterrichtsgestaltung einer Kritik unterzogen werden, die man auf den ersten Blick vielleicht nicht versteht und als nicht gerechtfertigt ansieht. Das Feedback sowohl als Entwicklungspotenzial zu sehen, sich gleichzeitig aber auch in seinen Werten und pädagogischen Überzeugungen nicht verbiegen zu lassen, ist eine besondere Herausforderung dieser zweiten Phase.

Um herauszufinden, was im Vorbereitungsdienst und im Studienseminar erwartet wird, kann ein Blick in die *Standards der Lehrerbildung* (KMK 2015) der Kultusministerkonferenz sinnvoll sein. Zwar hat jedes Bundesland seine eigenen Bestimmungen, was die Gestaltung der zweiten Phase angeht, grob orientieren sie sich aber an dem Papier der KMK, das für die verschiedenen Fächer bestimmtes Fachwissen und fachdidaktisches Wissen überblicksartig formuliert und als angestrebten Standard zum Ende des Studiums aufführt. Mithilfe der dort angegebenen Standards kann man für sich diagnostizieren, in welchen Bereichen man sich fit fühlt und in welchen möglicherweise weniger.

Ein Beispiel: Für das Fach Deutsch formulieren die Fachprofile der *Standards der Lehrerbildung* drei Bereiche: Sprachwissenschaft, Literaturwissenschaft und Fachdidaktik Deutsch. Möchte man seinen eigenen Wissensstand selbstdiagnostisch erheben, kann man diese Standards in einen Diagnosebogen übertragen und sich in den Bereichen einschätzen. Die Tabelle zeigt auszugsweise dargestellt, wie das aussehen kann:

| Standards für das Fach Deutsch (Sek. I) | sicher | eher sicher | weniger sicher | unsicher |
|---|---|---|---|---|
| **Sprachwissenschaft:** Ich kenne Grundlagen der Phonologie, Morphologie, Syntax, Semantik, Pragmatik und Texttheorie. | ☐ | ☐ | ☐ | ☐ |
| **Sprachwissenschaft:** Ich kenne die deutsche Orthografie, einschließlich Interpunktion. | ☐ | ☐ | ☐ | ☐ |
| **Literaturwissenschaft:** Ich kenne Autoren, Werke bzw. Medien vornehmlich des 20. Jahrhunderts und der Gegenwart. | ☐ | ☐ | ☐ | ☐ |
| **Literaturwissenschaft:** Ich kenne Methoden der Textanalyse und Textinterpretation. | ☐ | ☐ | ☐ | ☐ |
| **Fachdidaktik:** Ich kenne Methoden und Verfahren der Textanalyse/Textinterpretation im Unterricht, einschließlich der Anleitung zur angemessenen Anschlusskommunikation. | ☐ | ☐ | ☐ | ☐ |
| **Fachdidaktik:** Ich kenne Theorie und Konzepte des Deutschunterrichts und seiner Lernbereiche, einschließlich der Erprobung im Unterricht. | ☐ | ☐ | ☐ | ☐ |

Beispiel eines Selbstdiagnosebogens zur Erhebung des eigenen Wissensstandes (einzelne Standards entnommen oder angelehnt an KMK 2015, S. 25)

Schon während des Studiums, im Laufe des Vorbereitungsdienstes sowie im späteren Schuldienst kann die ganz persönliche Selbstdiagnose der Wissensbereiche, die rein formal im Schuldienst verlangt werden, die persönliche Weiterbildung anstoßen.

## 3.4 Der Übergang von den Ausbildungsphasen zum selbstbestimmten Handeln

Eine Studie aus Konstanz hat herausgefunden, dass viele junge Lehrerinnen und Lehrer im Berufseinstieg plötzlich vergessen, was sie in den ersten beiden Phasen ihrer Ausbildung an unterrichtsmethodisch-didaktischen Konzepten und Prinzipien gelernt hatten. Sie unterrichteten plötzlich so, wie sie in ihrer eigenen Schulzeit selbst unterrichtet wurden. Begründet werden kann dieses Verhalten – aufgrund des Forschungsortes als „Konstanzer Wanne" (Dann u.a. 1981) berühmt geworden – zum Beispiel mit der Umstellung, stärkeren Beanspruchung durch eigene Klassenleitung, eine höhere Stundenbelastung etc. Die akribische Vorbereitung von Unterrichtsbesuchen, die im Vorbereitungsdienst auch schon einmal einige Wochen in Anspruch nehmen kann, ist im regulären Schuldienst schlichtweg nicht mehr leistbar. Dieser sprichwörtlich gewordene Praxisschock bewirkt, dass längst für überholt gehaltene gedankliche Strukturen über das Unterrichten wieder bedeutsam werden, man meint, dass diese Strukturen ja selbst in der eigenen Lernbiografie effektiv waren und sich nun auf die eigene Schülerklientel übertragen ließen. Dass dies angesichts gesellschaftlicher Veränderungen, einer anderen Schülerschaft und auch gegen eigene, in der ersten und zweiten Phase gewonnene pädagogische Erkenntnisse und Überzeugungen steht, wird durch die Belastungsfaktoren zunächst vollkommen verdrängt.

Die Schulpädagogen und Professionsforscher Uwe Hericks und Ingrid Kunze formulieren auf Basis der Konzepte der Bildungsgangforschung vier Entwicklungsaufgaben (2002), denen sich (angehende) Lehrkräfte in ihrem Professionalisierungsprozess stellen – insbesondere im Berufseinstieg, dem Übergang in das selbstbestimmte Lehrerhandeln – und die sie berufsbiografisch bearbeiten:

> (1) Entwicklungsaufgabe *Kompetenz:* Die eigenen Kompetenzen zur Bewältigung beruflicher Anforderungen einsetzen und ausweiten. Mit eigenen Schwächen und Grenzen umgehen können. Zwischen biographisch verwurzelten subjektiven Bildern vom Lehrerberuf, eigenen Handlungskompetenzen und erfahrenen Handlungsnotwendigkeiten subjektiv tragfähig vermitteln können. Einen persönlichen Unterrichtsstil und Stil des Umgangs mit den Schülern kultivieren.
> 
> (2) Entwicklungsaufgabe *Vermittlung:* Ein tragfähiges Konzept der eigenen Rolle als Vermittler von kulturellen Sachverhalten und Fachinhalten entwickeln.
> 
> (3) Entwicklungsaufgabe *Anerkennung:* Ein tragfähiges Konzept der Wahrnehmung der Schülerinnen und Schüler als der entwicklungsbedürftigen Anderen entwickeln.
> 
> (4) Entwicklungsaufgabe *Institution:* Möglichkeiten und Grenzen der institutionellen Rahmenbedingungen des eigenen Handelns erkennen und mitgestalten; ein tragfähiges Konzept der Kooperation mit Kollegen entwickeln.
> 
> (Hericks/Kunze 2002, S. 405)

Der Begriff der Entwicklungs*aufgabe* meint in diesem Kontext nicht, dass diese vier Bereiche nacheinander abgearbeitet oder vollständig gelöst werden könnten mit dem vermeintlichen Ziel, im Anschluss daran die lang ersehnte „professionelle Lehrkraft" zu sein. Vielmehr stellen die vier Bereiche *Reflexionsangebote* dar, die, wie Hericks und Kunze betonen, ganz bewusst sehr individuell und (berufs-)biografisch angelegt sein und bearbeitet werden sollten. Rückblickend können wir rasterähnlich mithilfe dieser Entwicklungsaufgaben analysieren, welche Phasen der Lehrerbildung bestimmte Aufgaben schon bearbeitet haben, gegebenenfalls Lösungsmöglichkeiten und Handlungsoptionen innerhalb der Entwicklungsaufgaben aufgezeigt haben, die in der Schule und im Unterricht nutzbar gemacht werden können.

So kann das Studium bereits für die Entwicklungsaufgabe *Vermittlung* einen großen Teil des benötigten Fachwissens bereitstellen, das insbesondere in der zweiten Phase durch eine Vertiefung fachdidaktischer Prinzipien verfeinert, ausgebaut und entwickelt wird.[5] Die Entwicklungsaufgabe *Institution* kann auch meist erst ab der zweiten Phase, stärker noch im regulären Schuldienst bearbeitet werden, wenn man sich der Rahmenbedingungen der Institution Schule bewusst wird, Möglichkeiten und Grenzen absteckt (zum Beispiel auch die Kooperation mit Kolleginnen und Kollegen) und diese für seine eigene Lehrtätigkeit innovativ nutzt.

> Individuelle Lernerfahrungen aus der eigenen Schulzeit bedürfen der kritischen Reflexion.

Die Diagnose und Bearbeitung der Entwicklungsaufgaben bedarf wiederum (wie die Selbstfindung in der Lehrerrolle) einer gewissen Offenheit und Unterstützung, welche man in Studium und im Vorbereitungsdienst auch gewissermaßen noch einfordern kann. Der Berufseinstieg erschwert häufig die weitere Entwicklung, innerhalb der Entwicklungsaufgabe *Institution* verfällt man sozusagen in subjektive Theorien und Konzepte seiner eigenen Schulzeit (siehe Beispiel der „Konstanzer Wanne" oben). Hier gilt es gegenzusteuern, Angebote zur Fortbildung und Entlastung zu nutzen und sich selbst in verschiedenen Feldern weiterzuentwickeln. Selbst wenn eigene Schulerfahrungen im Sinne von Entwicklungsaufgaben auch immer Bestandteil der eigenen Lehrtätigkeit sein werden (und sein sollen!), dürfen sie nicht neuere Erkenntnisse zu Lehr-/Lern-Prozessen überdecken. *Alte, nicht hinterfragte Verhaltensweisen führen in unseren Augen nicht selten langfristig zu weniger Innovationsbereitschaft und damit gleichzeitig zu weniger Zufriedenheit im Lehrerberuf.*

---

5 Insbesondere für den Berufseinstieg spricht Hericks (2009) auch von der Aufgabe der *Rollenfindung*, welche insbesondere das stetige, aber insbesondere zu diesem Zeitpunkt intensive Arbeiten an einer Lehrerpersönlichkeit und auch eines eigenen „Stils" als Lehrkraft meint.

## 3.5 Die Rolle von Fort- und Weiterbildungen für meine persönliche Entwicklung

Fort- und Weiterbildungen können ein Element darstellen, um seine eigene professionelle Lehrtätigkeit weiterzuentwickeln. Dazu vorab ein paar Fragen an Sie persönlich.

**REFLEXIONSAUFGABE 3.5**

> - Wie viele Fortbildungen haben Sie im vergangenen Schuljahr besucht?
> - Wie viele dieser Fortbildungen haben Sie sich aus eigenem Antrieb aus dem Fortbildungsangebot herausgesucht?
> - Wie viele der Fortbildungen haben Sie gemacht, weil Sie mussten oder Kolleginnen/Kollegen einen Gefallen getan haben?
> - Von wie vielen der Fortbildungen nutzen Sie heute noch Konzepte, Ideen, Materialien in Ihrem Unterricht?

Die sogenannte dritte Phase der Lehrerbildung ist leider unter ausbildungsdidaktischen Gesichtspunkten noch eine Großbaustelle der deutschen Lehrerbildung. Versuche, Lehrkräfte in der Vergangenheit zur Teilnahme an Fortbildungen und Weiterqualifizierungsmaßnahmen zu zwingen, bleiben insbesondere dann erfolglos, wenn das Angebot an Fortbildungen innerhalb der Länder qualitativ (und quantitativ) schwach aufgestellt ist und Verwaltung sowie Stundenplan keine Freiheiten zur Weiterqualifikation erlauben. Es muss mehr Raum für qualitativ gute Fortbildungen gegeben werden, die punktuell oder strukturiert problembehaftete Schnittstellen des Unterrichts zu lösen versuchen. Lehrkräfte können in dieser Hinsicht einen gesunden, bildungspolitischen Druck aufbauen und diese Qualifizierungsmaßnahmen im Sinne lebenslangen Lernens und der Lehrerprofessionalisierung einfordern. Wichtig in diesem Zusammenhang ist, dass wir uns der nötigen Themen und Problemfelder, der Leerstellen in unseren Wissensschemata und der Bedürfnisse unserer Entwicklungsaufgaben bewusst werden und diese als Fortbildungsbedarf diagnostizieren, formulieren und einfordern.

Das kann schon auf ganz individueller Ebene geschehen: In Gesprächen mit vielen Lehrerfortbildern wird immer wieder gesagt, dass sie Fortbildungen deswegen geben, weil sie sich damit selbst weiterentwickeln: Sie hatten sich in der Vergangenheit einer unterrichtspraktischen Herausforderung gestellt, diese erfolgreich (vielleicht sogar mit Unterstützung anderer Kolleginnen und Kollegen) bearbeitet und den Ansporn, dieses Wissen zu teilen. Aus diesen Anlässen entstehen vermutlich die besten Fortbildungen.

**REFLEXIONSAUFGABE 3.6**

> Welchem didaktischen oder methodischen Problem sind Sie zuletzt begegnet?
> Wie haben Sie es gelöst? Mithilfe von Fachliteratur?
> Haben Sie eine Alternative, eine andere Herangehensweise entwickelt und ausprobiert?
> Haben Sie Kolleginnen und Kollegen befragt?

Wenn man ein solches Problem und seine Lösung identifizieren konnte, ist dieses Wissen womöglich nicht nur individuell gesehen wertvoll, weil es einen im Unterricht vorangebracht hat. Es kann auch wertvolles Wissen im Rahmen von Fortbildungen geteilt werden. Und Letztere können im ganz kleinen Rahmen zum Beispiel in einer kleinen Vorstellung bei Fachkonferenzen beginnen.

## 3.6 Ein Abschied vom Denken in „Phasen der Lehrerbildung"

Wir haben im Verlauf dieses Kapitels ganz bewusst aus der Perspektive der Institutionen, die an der Lehrerbildung beteiligt sind, verschiedene Elemente professionellen Lehrerwissens und -handelns angerissen. Bei dieser Durchschau an theoretischen Aspekten und Herausforderungen gibt es eine besondere Konstante: die (angehende) Lehrkraft! Sie ist die Person, die zwar konstant im Fokus ist, die sich aber über die Phasen hinweg weiterentwickelt.

Wir möchten betonen, dass wir die Phasen, Institutionen und Personen, die an der Lehrerbildung beteiligt sind, allesamt schätzen und für sich als sinnvoll erachten. Dennoch: Vielerorts laufen die Phasen der Lehrerbildung losgelöst aneinander vorbei, bauen jeweils ihre eigenen Wissensbestände auf und versäumen es, Anknüpfungspunkte zu bieten. Lehrkräfte müssen entsprechend in die Lage versetzt werden, dieses Wissen zu *transformieren*, sich individuell anzueignen und nutzbar zu machen, um es situationsbezogen sinnvoll einsetzen zu können. Dafür muss allerdings das Denken in *„Phasen der Lehrerbildung"* aufgebrochen werden, möglichst früh muss ein Bewusstsein dafür geschaffen werden, dass die Prinzipien des lebenslangen Lernens und der Reflexion des eigenen Wissens und Handelns phasenunabhängig ein erfolgreiches und zufriedenes Lehrerdasein bewirken können.

Man muss es nur selbst wollen.

### 3.6 Ein Abschied vom Denken in „Phasen der Lehrerbildung"

**ZUM WEITERLESEN**

Terhart, E./Bennewitz, H./Rothland, M. (2014) (Hrsg.): *Handbuch der Forschung zum Lehrerberuf.* 2. Aufl. Münster: Waxmann.

# 4 Mit Zufriedenheit und Erfolg unterrichten

Unterricht ist heute nicht mehr der ursprüngliche und grundlegende Ort für die Anwendung bzw. Durchsetzung einer mehr oder weniger routinierten Vermittlungstechnik. Seine Grundlage bildet vielmehr ein „Wechselspiel zwischen Vorstrukturierung durch Lehrpersonen und selbstgesteuerten Anteilen der Lernenden" (Seidel 2014, S. 785). Die Herausforderung für jede Lehrerin und jeden Lehrer liegt darin, auf dieser Grundlage ein positives Selbstkonzept zu entwickeln und dieses Verständnis als Chance für das unterrichtliche Handeln zu verstehen.

---

**REFLEXIONSAUFGABE 4.1**

Die Persönlichkeit der Lehrperson und ihre Tätigkeit werden nicht selten metaphorisch beschrieben. Welche Baumart (Eiche, Weide, Esche, Birke usw.) entspräche am ehesten Ihrer Persönlichkeit? Welchen Teil des Baumes (Stamm, Krone, Wurzel, Rinde, Ast, Blatt usw.) würden Sie wählen, um treffend Ihre Person und Ihr Handeln im Unterricht zu beschreiben?

---

## 4.1 Empirische Befunde zu Elementen erfolgreichen Unterrichts

Die Bildungsdiskussion in Deutschland wird seit Kurzem durch die Studie von John Hattie bestimmt, die in seinem Buch *Visible Learning* (dt.: *Lernen sichtbar machen*; Hattie 2014) ihren Niederschlag gefunden hat. John Hattie hat eine Meta-Metaanalyse von empirischen Publikationen zum Unterricht vorgenommen. Über 800, primär englischsprachige Studien zum Schulerfolg wurden ausgewertet, um einen Überblick über die wichtigsten Kriterien für erfolgreiches unterrichtliches Handeln zu kommen. Das Ergebnis der nicht unumstrittenen Arbeit ist eine Rangfolge von 138 Variablen, die erfolgreiches Lehren und Lernen determinieren. Die Tabelle zeigt die Faktoren der ersten 10 Plätze.

Wichtige Erkenntnisse der Studie lassen sich in den folgenden Punkten zusammenfassen:
- Für den Lernerfolg sind Aspekte der Unterrichtsqualität und der Lehrperson wichtiger als strukturelle, organisatorische, methodische und finanzielle Aspekte.
- Die Lernendenperspektive und ihr Feedback bilden ganz wichtige Erfolgsfaktoren.

## 4.1 Empirische Befunde zu Elementen erfolgreichen Unterrichts

**TABELLE: Rangfolge von Faktoren eines erfolgreichen Unterrichts**

| Rank | Influence | Studies | Effects | ES |
|---|---|---|---|---|
| 1 | Self-reported grades | 209 | 305 | 1.44 |
| 2 | Piagetian programs | 51 | 65 | 1.28 |
| 3 | Providing formative evaluation | 30 | 78 | .90 |
| 4 | Micro teaching | 401 | 439 | .88 |
| 5 | Acceleration | 37 | 24 | .88 |
| 6 | Classroom behavioral | 160 | 942 | .80 |
| 7 | Comprehensive interventions for learning disabled students | 343 | 2654 | .77 |
| 8 | Teacher clarity | na | na | .74 |
| 9 | Reciprocal teaching | 38 | 53 | .74 |
| 10 | Feedback | 1287 | 2050 | .73 |

Quelle: Brügelmann (2013), S. 20

Erfolgreiche Lernszenarien bedingen eine besondere Aktivität der Lehrperson.

Es geht an dieser Stelle nicht darum, auf die zwischen Enthusiasmus und Skepsis pendelnden Stellungnahmen führender deutscher Bildungswissenschaftlerinnen und -wissenschaftler einzugehen, sondern wichtiger ist es, die Bedeutung der Ergebnisse der Arbeit von Hattie für erfolgreiches Handeln der Lehrperson im Unterricht zu unterstreichen.

- Aus der Studie von Hattie wird die besondere *Rolle der Lehrkraft* für einen erfolgreichen Lehr- und Lernprozess deutlich. Hattie fordert eine aktive Lehrperson, die unter anderem in der Lage ist, sich in die Lernenden und deren Aneignungsprozesse hineinzuversetzen. In dem kompetenten Wechsel zwischen einem direktiven Vorgehen einerseits und einem Handeln, das die Selbsttätigkeit der Lernenden stimuliert, liegt ein Schlüssel für ein effizientes Vorgehen. Es geht – wie Steffens/Höfer (2012) schreiben – „bei der Steigerung von Unterrichtsqualität nicht um ein Entweder-oder der verschiedenen Methoden, sondern um ein Sowohl-als auch und um eine angemessene Balance, einschließlich der reformpädagogischen Konzepte" (ebda., S. 7).
- Der Faktor *„Feedbackverhalten"* erscheint in der Studie von Hattie als geradezu überragende Variable für erfolgreiches Lehren und Lernen. „Feedback" meint nicht nur die Einbahnstraße von der Lehrperson zum Schüler und zur Schülerin, sondern auch die Rückmeldung des Lernenden zur Lehrperson – und die Einbindung dieses Feedbacks durch die Lehrperson in die Entwicklung ihres Unterrichts.

- Eine hohe Bedeutung wird schließlich der *Selbststeuerung* sowie der *Selbstbeurteilung des Lernprozesses durch Lernende selbst* beigemessen. Helmke in Helmke/Reinhardt (2013) merkt dazu an, dass „die Selbststeuerung des Lernens nicht automatisch funktioniert, weil eigenständiges Lernen selbst gelernt und geübt werden muss. Den Schülern bei der Erreichung dieses Zieles zu helfen, ist eine wichtige Aufgabe des Lehrers." (ebda., S. 10)

## 4.2 Komplexe Anforderungen des Alltags in der Schule

Die Qualität des Unterrichts, verstanden als soziales Geschehen, hängt davon ab, „welche Beziehungen sich zwischen den Menschen mit ihren [...] unterschiedlichen Prägungen, Werten und Erwartungen herausbilden" (Schart 2014, S. 38). Die affektiven, emotionalen und motivationalen Aspekte haben eine besondere Bedeutung im Lehr-/Lern-Prozess, der natürlich unverändert über die Arbeit an der Sache auf eine Kompetenzbildung abzielt. Der Lehrperson kommt eine Schlüsselrolle insofern zu, als sie in ihrer Funktion, ihrer Person und in ihrem Verhalten Orientierungen und Prinzipien für die gemeinsame Arbeit vorgibt.

**REFLEXIONSAUFGABE 4.2**

In manchen Lehrerzimmern hängen Fotos des Kollegiums aus der Vergangenheit. In Freistunden kann man sich als junge Lehrerin oder als junger Lehrer ein Bild von den Kolleginnen und Kollegen machen, die nun – mehr oder weniger gealtert – mit einem den Schulalltag teilen.
Der Kollege Herr Dr. H. unterrichtete die Fächer Geschichte und Deutsch. Er war ein ausgewiesener Kenner der Heimatgeschichte der größeren Stadt, in der er am Gymnasium seit über 35 Jahren unterrichtete. Auf dem älteren Foto im Klassenzimmer konnte man ihn als korrekt gekleideten Junglehrer mit strahlendem Gesicht entdecken.
Nun war er Ende 50, und hinter seiner Hornbrille war ein Hörgerät für jeden gut sichtbar. Sein Problem: Er konnte nicht mehr gut hören. Und er war vor allem sehr hilflos, wenn eine Klasse laut und undiszipliniert war. Dann sah er sich gezwungen, sein Hörgerät abzustellen mit der Folge, dass er auch nicht mehr die einzelnen Antworten seiner Schülerinnen und Schüler hörte. Wenn er manchmal aus dem Unterricht mit hochrotem Kopf und leicht verschwitzt ins Lehrerzimmer kam, konnte man erahnen, wie viel Kraft ihn die Unterrichtsstunde wieder gekostet hatte. Die Schulleitung hatte ihm schon die Verwaltung der Schülerbücherei übertragen, um ihm so eine Reduzierung seines Stundendeputats zu gewähren. Aber bis zur Pensionierung musste Dr. H. noch mindestens 5 Jahre warten. Der tägliche Unterricht war für ihn zu einer physischen und psychischen Strapaze geworden.

Sehen Sie Möglichkeiten, dem Kollegen seinen Berufsalltag zu erleichtern?

Die Herausforderung für die Lehrpersonen liegt darin, die Anforderungen und nötigen Verhaltensweisen über die lange Zeit des Berufslebens durchzuhalten. Und so können viele Kolleginnen und Kollegen vermutlich die folgenden Entwicklungsphasen im Verlauf der beruflichen Tätigkeit bestätigen: Auf eine erste Phase der Zufriedenheit und Freude, dass man nach der Ausbildung nun selbst in einer Klasse eigenverantwortlich unterrichten und seine eigenen Ideen im Lehr-/Lern-Prozess umsetzen kann, folgt nach einigen Jahren eine Zeit, in der die Routine überwiegt und in der man Veränderungen in den administrativen Vorgaben als lästig und störend empfindet. Und schließlich erleben zahlreiche Lehrerinnen und Lehrer die letzten Jahre oft als belastend und haben nicht selten gesundheitliche Probleme.

Dieser eher bedenkliche Zyklus von einer geradezu idealistischen, uneingeschränkt positiven Einstellung zu Beginn der beruflichen Tätigkeit bis zu den von Frustration und Krankheit geprägten letzten Berufsjahren lässt sich nicht einfach damit erklären, dass das eine typische Entwicklung sei, die auch für Personen in anderen Berufen charakteristisch ist. Für den Lehrerberuf spielen die folgenden Gründe eine Rolle für den skizzierten Prozess:

- diffuse Vorstellungen bezüglich der Herausforderungen des beruflichen Alltags,
- fehlende Kenntnis der Komplexität des Lehrerberufs.

**HINWEIS**
Jede berufliche Tätigkeit birgt die Gefahr des Abgleitens in Monotonie – wenn der Beruf nicht aktiv (mit-)gestaltet wird.

Auf die Bedeutung einer gründlichen Information, eines Selbsttests sowie, wenn möglich, der Erprobung pädagogischen Handelns in einem pädagogiknahen Umfeld vor der Entscheidung für den Lehrerberuf wurde bereits in Kapitel 2 eingegangen.

*Als Lehrerin und als Lehrer zu arbeiten bedeutet, über den Lehr-/Lern-Prozess hinaus Verantwortung zu übernehmen für die Beratungs- und Erziehungsarbeit, die mit dem Beruf verbunden ist.* Der Alltag der Lehrerin und des Lehrers ist einerseits geprägt von einer ständig fordernden und zugleich wertschätzenden Ansprache der Schülerinnen und Schüler, ungeachtet der auftretenden Enttäuschungen, die durch unbefriedigende Ergebnisse im Lernprozess oder durch ein provokantes oder abweichendes Verhalten der Jugendlichen ausgelöst werden. Aber man sollte sich andererseits auch klar machen, dass Aufgaben wie zum Beispiel Aufsichtspflichten, die Wahrnehmung von Vertretungsstunden, die Elternberatung, die Mitarbeit in Gremien zur Schulentwicklung, die Organisation von Klassen- und Kursfahrten ebenfalls zum Arbeitsalltag gehören.

Die Motivation der Lehrerin und des Lehrers, fünf Tage in der Woche in die Schule zu gehen, um mit Schülerinnen und Schülern

zu arbeiten, und darüber hinaus noch Stunden am Wochenende mit der Unterrichtsvorbereitung und der Korrektur von Schülerarbeiten zu verbringen, setzt ein *besonderes Persönlichkeitsprofil* voraus. Merkmale dieses Profils sind
- die Freude an der Interaktion mit jungen Menschen,
- die Flexibilität, in unvorhersehbaren Situationen kompetent handeln zu können,
- die Bereitschaft, sich immer wieder auf Neues einzulassen, um seinen Unterricht zu verbessern,
- und die Fähigkeit, ohne Selbstüberschätzung die Überzeugung über die Berufsjahre hinweg zu vertreten, dass man selbst menschlich und fachlich eine Referenz für die Schülerinnen und Schüler darstellt.

Das Fehlen auch nur eines dieser Merkmale kann dazu führen, dass man in einem Moment der Karriere physisch und psychisch nicht mehr die Kraft aufbringt, den beruflichen Herausforderungen gerecht zu werden. Zwei Handlungsmuster zeichnen sich als Folgen aus einem solchen Defizit ab:
- *Muster 1:* Lehrerinnen und Lehrer ziehen sich auf ein minimales (und in ihren Augen „bewährtes") Handlungsrepertoire zurück. Dazu gehört zum Beispiel der ältere Lehrer, der den jungen Kollegen, der im Lehrerzimmer die Namen der Schülerinnen und Schüler seiner neuen Klasse auswendig lernt, mit der Bemerkung irritiert: „Was, Sie lernen noch Schülernamen? Das mache ich schon lange nicht mehr."
- *Muster 2:* Die Lehrerin oder der Lehrer wird krank, fehlt erst öfter tageweise in der Schule, bis sie oder er dann immer länger krankgeschrieben wird.

**REFLEXIONSAUFGABE 4.3**

Es war ein Wintertag in Norddeutschland. Ein Blick aus dem Lehrerzimmer zeigte dichtes Schneetreiben. Nach einem kurzen Austausch zur Wetterlage erzählte der Kollege M., der noch knapp 10 Jahre bis zu seiner Pensionierung vor sich hatte, Folgendes: „Wissen Sie, in den Weihnachtsferien fahre ich mit meiner Frau nach Grindelwald. Wir wohnen dort in einem schicken 4-Sterne-Hotel und lassen uns verwöhnen. Der Direktor und das Personal kennen uns schon. Und wissen Sie, ich werde dort immer mit Herr Direktor angeredet. Da wird man wenigstens angesehen. Macht ja nichts, dass die gar nicht wissen, dass ich nicht Direktor bin."

Versetzen Sie sich in die Lage des Lehrers und versuchen Sie, seine Einstellung zu seinem Beruf und seiner Person zu beschreiben.

## 4.3 Selbstkonzept und Selbstwirksamkeit als Schlüssel der Handlungskompetenz

Unterricht, verstanden als „widersprüchliche Einheit von Erziehung, Didaktik und Bildung" (Gruschka 2005), kann man als Lehrer/-in nur dann gesund, motiviert und erfolgreich erleben, wenn man über ein positives Selbstkonzept verfügt. Die Bedeutung eines solchen Konzepts für den Einzelnen soll nachfolgend knapp aufgezeigt werden (vgl. auch Brüll 2010).

Mit dem Begriff *„Selbstkonzept"* wird die Selbstwahrnehmung einer Person bezeichnet. Er umfasst die Gesamtheit der Gedanken über die eigene Person, ihre Fähigkeiten, ihre Eigenschaften, Gefühle und Verhaltensmuster in bestimmten Situationen. „Selbstkonzept" ist ein facettenreiches, multidimensionales Merkmalskonzept, das – vereinfacht dargestellt – als ein Ergebnis genetischer Faktoren und sozialer Erfahrungen angesehen werden kann. Wichtig sind in dem Zusammenhang solche Merkmale der Person, die eine gewisse Beständigkeit auszeichnen, die für die Person (im Vergleich zu anderen) eine Besonderheit markiert und die von lebensgeschichtlicher Relevanz sind (vgl. Brandtstädter/Greve 1992).

Vielfach wird das Merkmal der „Selbstwirksamkeit" als eine Facette eines Selbstkonzepts angesehen. Während das Selbstkonzept das Wissen von sich selbst in bestimmten Situationen beschreibt, meint *„Selbstwirksamkeit"* die Überzeugung einer Person, eine zu lösende Aufgabe oder Situation erfolgreich bewältigen zu können. Das Selbstkonzept generiert sich aus Erfahrungen in der Vergangenheit, während mit dem Begriff „Selbstwirksamkeit" eine auf die Zukunft orientierte Kompetenz bezeichnet wird. Nach Bandura (1997) speist sich Selbstwirksamkeit aus:

- eigenen Erfolgserfahrungen,
- Erfahrung durch Beobachtung von Verhaltensmodellen,
- sprachliche Überzeugungen (Coaching),
- Wahrnehmung eigener Gefühlsregung.

Die Diskussion des Selbstkonzepts in verschiedenen Teildisziplinen der Psychologie und seine Einbeziehung in bildungswissenschaftliche Forschungsarbeiten in den letzten Jahren ist für Lehrer/-innen aus mehreren Gründen von Bedeutung.

Die ehrliche Selbstbefragung seiner eigenen Stärken und Schwächen, zum Beispiel im Sinne von Entwicklungsaufgaben (siehe Kapitel 3), ist gerade in einem Beruf, der von ständigem Sozialkontakt geprägt ist, eine wichtige Erfahrung, um sich seiner eigenen Stärken und Schwächen bewusst zu werden, kurz: sich selbst zu verorten.

Lehrer/-innen bewegen sich in der Klasse gegenüber den Schülerinnen und Schülern im doppelten Sinne in einem offenen Raum; zum einen indem sie sich räumlich verorten müssen. Dies bedeutet, dass sie ihren Platz vor der Tafel, hinter dem Pult, zwischen den Tischreihen der Schülerinnen und Schüler oder aber in dem offenen Stuhlkreis innerhalb der Schulstunde ihren Platz finden müssen. Die Übersicht über die Klasse sowie die Fixierung der Aufmerksamkeit der Lernenden auf ein Objekt (zum Beispiel die Tafel) sind in dem Zusammenhang nur zwei wichtige Gesichtspunkte.

Zum anderen aber gilt es für die Lehrpersonen eine Verortung vorzunehmen, die stärker einer psycho-sozialen Dimension geschuldet ist. In dieser Hinsicht sind zum Beispiel Antworten auf die Fragen zu finden, wie man sich anzieht („Bermudas oder doch lieber Jeans?"), wie man sich den Schülerinnen und Schülern vorstellt („Ich bin eure neue Mathelehrerin Jennifer Schiller, aber ihr könnt mich ruhig mit Jenny anreden!"), und wie man die Arbeitsaufträge formuliert („Ich bitte euch jetzt, die folgende Aufgabe S. 52, Nr. 2 zu bearbeiten" oder „Nun mal los, S. 52, Nr. 2 im Workbook schriftlich – wer zu langsam ist, hat Pech und macht die Aufgabe zu Hause fertig") oder wie man auf abweichendes Verhalten reagieren will. *Allgemein bewegt man sich als Lehrperson zwischen den Polen Sachorientierung und Personenorientierung, wobei der erste Pol in der Regel mit einem Gefühl der „Distanz" und der entgegengesetzte Pol mit der Dimension „Nähe" in Verbindung gebracht wird.*

Die spezifische Form der Verortung zwischen Distanz und Nähe schafft ein Lernklima als wichtiges Element der Lehr- und Lernkultur. Schülerinnen und Schüler suchen in der Körperhaltung, der Mimik und den Gesten sowie vor allem natürlich in den verbalen Äußerungen Anhaltspunkte für die Einschätzung der Lehrperson.

**EXKURS: Körpersprache**

Als Unterrichtende(r) setzt man sich täglich der Beobachtung durch Schülerinnen und Schüler aus. Kommunikation in Form von Bestätigung, Bekräftigung oder auch Widerspruch zeigt sich etwa in Gestik, Mimik und Körperhaltung. Es ist deshalb wichtig, sich dieses Zusammenhangs bewusst zu sein und sich ein Repertoire zu erarbeiten, das ein souveränes Agieren und Reagieren in der Klasse ermöglicht.
Arbeitsschritte zur (nachhaltigen) Verbesserung der eigenen Körpersprache sind
- der Wissenserwerb grundlegender Kenntnisse zu Körpersprache und Kommunikation,
- das Interpretieren gestischer, mimischer Elemente sowie der Körperhaltung mittels visueller Darstellungen (Selfies sind da unerbittlich und daher hilfreich!) und
- das eigene Praktizieren und Einüben von Varianten vor dem Spiegel oder in Anwesenheit von Freunden oder guten Bekannten.

Gute Tipps gibt es auf der Website http://www.interaktionsblog.de.

## 4.3 Selbstkonzept und Selbstwirksamkeit als Schlüssel der Handlungskompetenz

Das vor allem erfahrungsbasierte Wissen um das Selbst wirft auch die Frage nach der Beziehung zwischen Wissen und Handeln auf. Nach Neuweg (2014, S. 601) ist „[das] Problem der Bestimmung des Verhältnisses zwischen Wissen und Können [...] empirisch nur eingeschränkt traktabel", was heißt, dass es schwierig ist, dazu gesicherte Aussagen zu machen. So bleibt es bei folgenden Vermutungen, warum Wissen manchmal nicht oder nur unzureichend in Handeln umgesetzt wird (Neuweg 2014; Helsper 2014):

- Manches Wissen bleibt „träges Wissen", das die handlungsleitenden kognitiven Strukturen der Person nicht beeinflusst.
- Lehrer/-innen agieren vielfach ohne bewussten Rückgriff auf Wissen, sondern situationsbezogen auf der Grundlage einer Mustererkennung.
- Lehrerhandeln weist mit den Polen *Wissen – Normen – Prophylaxe/Therapie* eine Komplexität auf, die ein spontanes Handeln erschwert.

Was das Konstrukt der Selbstwirksamkeit betrifft, so zeigt sich die Bedeutung dieses Konzepts sowohl bezüglich der erwartbaren Anforderungen in der jeweiligen Unterrichtsstunde als auch in der Annäherung und Umsetzung von innovativen Ideen in der über die Einzelstunde hinausreichenden eigenen Unterrichtspraxis. *Unsicherheiten und Ängste im Verhalten vor einer Einzelstunde resultieren vor allem aus einer schwachen Selbstwirksamkeitserwartung.* Dies ist aber kein unveränderliches Konstrukt. Beispiele zur Überwindung von Angstgefühlen und Gefühlen des Scheiterns durch kommunizierte Überzeugungen findet man in anderen Lebensbereichen. So formuliert die Tennisspielerin Angelique Kerber vor einem Spiel mit einer starken Gegnerin: „Ich weiß, dass ich sie schlagen kann, sogar in zwei Sätzen. Ich brauche keine Angst mehr vor solchen Spielerinnen zu haben, die rausgehen und zeigen, dass sie die Besten sind. Das bin ich jetzt auch, und ich kann es jetzt auch zeigen."[6]

> Selbstwirksamkeitsüberzeugungen sind Ergebnis eines individuellen mentalen Prozesses.

Das Einüben solcher und ähnlicher Strategien zur Entwicklung optimistischer Selbstwirksamkeitsüberzeugungen ist eine Aufgabe, an der man persönlich arbeiten kann, und es ist ein Thema, das Gegenstand der Lehrerinnen- und Lehrerausbildung sein muss. Es ist wichtig, Lehranfängerinnen und -anfängern die Möglichkeit zu geben, „ihre Überzeugungen und Einstellungen sowie ihre Bilder über sich selbst als künftige Lehrkräfte zu explizieren und zu reflektieren" (Dann 2000, S. 180), damit sie sich der kognitiven Basis ihres Handelns bewusst werden.

---

6 Zit. nach *Frankfurter Allgemeine Zeitung* vom 28.01.2016, S. 27.

## 4 Mit Zufriedenheit und Erfolg unterrichten

**REFLEXIONSAUFGABE 4.4**

Versuchen Sie, jede der folgenden Szenarien aus der Unterrichtsrealität einer der drei mit Bezug auf Neuweg und Helsper skizzierten Blockaden (träges Wissen, Mustererkennung, Dreidimensionalität Wissen – Normen – Prophylaxe/Therapie) zuzuordnen.
- Dem Lehrer fällt schon zu Beginn einer Klassenarbeit im Fach Biologie auf, dass ein schwächerer Schüler von seinem Tischnachbarn abschreibt. Er ermahnt den Schüler, lässt ihn aber weiterschreiben. Bei der Rückgabe der Klassenarbeit erhält der Schüler sein Heft mit der Note „6" und einem Hinweis auf das offensichtliche Abschreiben zurück.
- Die empirischen Befunde zu den Faktoren eines erfolgreichen Unterrichts der Arbeit von John Hattie zeigen unter anderem, dass ein differenziertes Feedback für Schüler eine wesentliche Lernhilfe darstellt. Das Feedbackrepertoire von Herrn Lieb, Deutschlehrer, der dieses Forschungsergebnis der Arbeit Hatties gelesen hat, beschränkt sich wesentlich auf die Formeln: „Das gefällt mir." – „Find' ich gut." – „Na, da überleg' mal." – „Das ist (völlig) daneben."
- Ein Schüler wendet sich zu Stundenbeginn an Frau Petersen, um zu erklären, dass er zwar die Hausaufgaben am Wochenende in der Ferienwohnung gemacht, er aber das Heft dort habe liegen lassen. Frau Petersen antwortet: „Du weißt genau, dass es bei nicht gemachten Hausaufgaben eine Eintragung ins Klassenbuch gibt!" und reagiert entsprechend.

**REFLEXIONSAUFGABE 4.5**

Die folgende Skala von Schwarzer/Jerusalem (1999) (http://userpage.fu-berlin.de/health/germscal.htm) zur Bestimmung des Selbstwirksamkeitskonzepts ermöglicht es, das eigenes Profil der Selbstwirksamkeit zu bestimmen.
Markieren Sie, wie zutreffend die folgenden Aussagen sind (Antwortformat: 1: stimmt nicht; 2: stimmt kaum, 3: stimmt eher, 4: stimmt genau):
- ☐ Wenn sich Widerstände auftun, finde ich Mittel und Wege, mich durchzusetzen.
- ☐ Die Lösung schwieriger Probleme gelingt mir immer, wenn ich mich darum bemühe.
- ☐ Es bereitet mir keine Schwierigkeiten, meine Absichten und Ziele zu verwirklichen.
- ☐ In unerwarteten Situationen weiß ich immer, wie ich mich verhalten soll.
- ☐ Auch bei überraschenden Ereignissen glaube ich, dass ich gut mit ihnen zurechtkommen kann.
- ☐ Schwierigkeiten sehe ich gelassen entgegen, weil ich meinen Fähigkeiten immer vertrauen kann.
- ☐ Was auch immer passiert, ich werde schon klarkommen.
- ☐ Für jedes Problem kann ich eine Lösung finden.
- ☐ Wenn eine neue Sache auf mich zukommt, weiß ich, wie ich damit umgehen kann.
- ☐ Wenn ein Problem auftaucht, kann ich es aus eigener Kraft meistern.

## 4.4 Mit klaren Überzeugungen und Werthaltungen arbeiten

Der nachfolgenden Beschreibung der pädagogischen Grundhaltung einer Lehrperson kann man sicherlich zustimmen:

> Dem Handeln der Lehrperson liegt eine fördernde und unterstützende pädagogische Haltung zu Grunde. Sie schafft eine Lernatmosphäre, die sich durch Respekt, Wertschätzung und Freundlichkeit auszeichnet sowie anregend und motivationsfördernd wirkt.
> 
> (Amt für Volksschule Thurgau 2014, S. 9)

Um ein solches positives Lernklima zu erreichen, sind – mit Bezug auf das Modell des Lehrerhandelns von Baumert/Kunter (2006) – Überzeugungen und Werthaltungen wichtig, die durch die Lehrperson repräsentiert werden. Nachfolgend sollen Merkmale dieser Dimension in ihrer Bedeutung für die Unterrichtspraxis angesprochen werden.

### 4.4.1 Motivation

**REFLEXIONSAUFGABE 4.6**

> Notieren Sie direkt, was Ihnen spontan zu den folgenden Fragen einfällt:
> 1 Wann waren Sie das letzte Mal motiviert?
> 2 Wann sind Sie motiviert?
> 3 Sind Sie bei privaten oder bei schulischen/beruflichen Aufgaben motivierter?
> 4 Was ist der Grund für Ihre Antwort zu Frage 3?

Innerhalb der Diskussion zum Begriff der Lehrer-Schüler-Interaktion und des Lernklimas wird immer wieder auch das Thema der Motivation angesprochen. Schon 1985 formulierten Deci/Ryan die konstitutiven Merkmale für das Auslösen intrinsischer Motivation, nämlich:
- Autonomie,
- Kompetenzerleben und
- soziale Anerkennung.

In Kenntnis dieses Ansatzes ergibt sich damit für den Schulalltag die Anforderung an die Lehrperson, eine Kompetenz beim Lernenden zu entwickeln, indem in den Aufgaben Wahlmöglichkeiten angeboten und individuelle Lösungen in Verbindung mit einer sowohl lerner- als auch sachbezogenen Feedbackkultur beurteilt werden. Sann/Preiser (2008, S. 220) weisen darauf hin, dass sich ein Kompetenzerleben insbesondere dann einstellt, wenn Lerner/-innen erleben, dass sie anspruchsvolle Aufgaben auch unter Anwendung bestimmter Lernstrategien selbst lösen können.

Was die soziale Anerkennung im Klassenverband betrifft, so bedarf es unter anderem einer positiven Fehlerkultur (vgl. Kapitel 5), das heißt einer sensiblen Praxis der individuellen Rückmeldung durch die Lehrperson, um in der Klasse neben dem Erfolgserleben nicht Emotionen wie Neid und Ärger auszulösen.

### 4.4.2 Wirksamkeit und Respekt

Die praxisbezogenen Diskussionsbeiträge in diesem thematischen Kontext lassen folgende Orientierungen erkennen, die für das Lehrerhandeln – und damit auch für die Ausbildungsphase(n) – wichtig sind.

Grundlage für eine Wirksamkeit im Lehr-/Lern-Prozess ist ein wechselseitiger Respekt, eine „interpersonale Anerkennung" (vgl. Giesinger 2014, S. 818). Dies bedeutet aufseiten der Lernenden, dass sie die Lehrperson als verantwortliche Autorität anerkennen. Und es ist sehr ärgerlich von Situationen zu hören, in denen Schülerinnen und Schüler Schwächen junger (oder älterer) Lehrerinnen oder Lehrer für ein respektloses Verhalten ausgenutzt haben. Dieses darf nicht zugelassen werden, und jede Lehrkraft muss sich vor einem solchen Verhalten schützen.

> Respekt des Unterrichtenden für den Lernenden zeigt sich in der individuellen Wertschätzung.

Auf der Seite der Lehrperson muss das professionelle Handeln darauf angelegt sein, Motivation für das Lernen sowie eine Autonomiefähigkeit des Lerners und der Lernerin zu fördern. Respekt gegenüber dem Lernenden zeigen bedeutet auch, individuelle Lernfortschritte verbal anzuerkennen und so die Wirksamkeit seines Lernens positiv zurückzumelden.

Im Zusammenhang mit dem Umgang mit Heterogenität sowie der Bedeutung individueller Lernprozesse aufseiten der Lernenden wird für ein umfassendes Konzept der Adaptivität der Lernumgebungen im Unterricht plädiert (Expertenkommission zur Weiterentwicklung der Lehrerbildung in Baden-Württemberg 2013; Terhart 2014). Natürlich liegt hier eine Quelle für innovatives Handeln. Aber es muss auch deutlich gesagt werden, dass zum Beispiel das Abwägen zwischen den Interessen der Lerngruppe und der Unterstützung des Einzelnen nicht unproblematisch ist. Eine Voraussetzung für wirksames und respektvolles Lernen wird dann eingelöst, wenn die „Lehrperson ihre Interaktionen gleichmäßig auf Schülergruppen mit unterschiedlichen Voraussetzungen verteilt" (Seidel 2014, S. 799).

## 4.4 Mit klaren Überzeugungen und Werthaltungen arbeiten

**REFLEXIONSAUFGABE 4.7**

Diskutieren Sie vor dem Hintergrund des Themas Wertschätzung/Respekt die Form der Korrektur, der Benotung und des Ratschlags, die der Lehrer bei diesem Vokabeltest zeigt.

### 4.4.3 Emotionen

Emotionen, verstanden als vorübergehende Gefühlsregungen, begleiten sowohl auf Lehrerseite wie auch auf Schülerseite den Unterrichtsalltag. Sie sind in Lern- und Leistungssituationen präsent und setzen sich zusammen aus einer
- affektiven
- kognitiven
- expressiven
- motivationalen sowie einer
- physiologischen Komponente (Hascher/Edlinger 2009, S. 106).

## REFLEXIONSAUFGABE 4.8

Aus dem Fragebogen FIT-L (R) zur Selbstevaluation der Eignung für den Lehrerberuf:

**Emotionale Stabilität**
Als Lehrerin/Lehrer sollte man psychisch stabil sein. Dazu gehört, dass man emotionale Belastungen und erlebte Frustrationen verkraften kann und sich auch von gelegentlichen Misserfolgen nicht unterkriegen lässt.
Wie ist das bei Ihnen?

trifft | völlig | überwiegend | teils/teils | überwiegend nicht | überhaupt nicht | zu

7. Wenn ich mich irgendwo blamiert habe, beschäftigt mich das lange.
8. Auseinandersetzungen mit anderen Leuten wühlen mich sehr auf.
9. Im Umgang mit anderen Menschen können mich schon kleine Störungen und Probleme völlig aus dem Konzept bringen.
10. Ich kann Kränkungen gut wegstecken.
11. Bei persönlichen Vorwürfen und Angriffen bin ich sehr empfindlich.
12. Enttäuschungen kann ich wohl besser als die meisten anderen Menschen verkraften.
13. Wenn ich nicht erreiche, was ich wollte, resigniere ich schnell.
14. Ich verliere schnell die Lust und Motivation, wenn ich trotz Anstrengung keinen Erfolg habe.
15. Wenn ich irgendwo versagt habe, spornt mich das an, auf diesem Gebiet mehr zu tun.

**Wahrnehmung sozialer Verantwortung**
Als Lehrerin/Lehrer sollte man bereit und in der Lage sein, Verantwortung für andere Menschen zu übernehmen und sie im täglichen Handeln durchzusetzen. Dazu gehört auch, in sensibler, aber auch offensiver und konsequenter Weise auf zwischenmenschliche Beziehungen einzuwirken. Wie ist das bei Ihnen?

16. Ich übernehme gern Verantwortung für andere Menschen.
17. Es ist mir zu viel, wenn ich stets noch für andere da sein soll.
18. Ich setze mich oft für andere ein.
19. Ich habe ein Gespür dafür, wie ich mit bestimmten Menschen umgehen muss.
20. Mir fällt es schwer, mich in andere hineinzuversetzen.
21. Ich habe eine gute Antenne für die Probleme anderer Menschen.
22. Bei Konflikten in einer Gruppe kann ich gut vermitteln.
23. Wenn ich auf Widerstand stoße, fällt es mir schwer, konsequente Entscheidungen zu treffen.
24. Bei Streitgesprächen kann ich mich gut behaupten.

## 4.4 Mit klaren Überzeugungen und Werthaltungen arbeiten

**Warmherzigkeit und soziale Aufgeschlossenheit**
Erfolg und Freude im Lehrerberuf hängen nicht zuletzt davon ab, wie es gelingt, gute Beziehungen zu Schülern, Eltern und Kollegen herzustellen. Dabei hilft eine freundliche, offene Art. Wie ist das bei Ihnen?

25. Die meisten Leute dürften mich für einen warmherzigen Menschen halten. ☐☐☐☐
26. Ich denke, dass ich sehr herzlich sein kann. ☐☐☐☐
27. Viele meiner Bekannten würden mich wohl als eher kühl und distanziert bezeichnen. ☐☐☐☐

Quelle: FIT-L (R) von Faust, Schaarschmidt und Fischer (2016), in: Schaarschmidt/Kieschke/Fischer (2016, Onlinematerial, S. 3f.)

*Was die Seite der Lernenden betrifft, so ist empirisch belegt, dass ein positives emotionales Klima in einer Klasse günstige Auswirkungen auf die Lernmotivation und das Leistungsverhalten hat.*

Interessant ist die Diskussion zu Ansätzen des „emotional scaffolding" (Rosiek/Beghetto 2009). Dieser Prozess bezeichnet kurze Interaktionssequenzen in der Klasse, die, von der Lehrperson initiiert, das Ziel haben, positive Emotionen auszulösen, um die Arbeit der Schülerinnen und Schüler zu fördern.

Was die Lehreremotionen betrifft, so ist diese Dimension Gegenstand zahlreicher Untersuchungen und Veröffentlichungen. In Schaarschmidt/Kieschke/Fischer (2016) findet man einen Fragebogen zur Selbsteinschätzung von jungen Menschen, die überlegen, Lehrer/-innen zu werden. Er thematisiert mit den ersten 27 Fragen den Bereich der Emotionalität (siehe Reflexionsaufgabe 4.8; der Fragebogen FIT-L (R) ist die revidierte Fassung des Online-Fragebogens FIT-L von Herlt/Schaarschmidt 2007).

**HINWEIS**
FIT-L (R) (2016) ist enthalten und ausführlich kommentiert in: Schaarschmidt, U./Kieschke, U./Fischer, A. W. (2016): *Lehrereignung. Voraussetzungen erkennen – Kompetenzen fördern – Bedingungen gestalten.* Stuttgart: Kohlhammer.

Dies ist eine richtige Orientierung. Aber die Realität des Schulalltags ist noch komplexer. Verschiedene Studien haben deutlich gemacht, dass positive oder negative Emotionen von Lehrerinnen und Lehrern erstens ganz stark davon abhängen, ob angestrebte Ziele im Unterricht erreicht werden konnten oder nicht, und zweitens, inwieweit es gelingt, in der Klasse, aber auch innerhalb des Kollegiums und bei den Eltern, anerkannt zu sein. Für Hattie (2014) ist das Lernen „eine sehr persönliche Angelegenheit, für die Lehrperson und für die Lerner" (ebda., S. 284). Und er plädiert dafür, „das Lernen zu personalisieren, genauer zu erkennen, wie Lernende bei diesem Lernen voranschreiten [...]" (ebda.). Aber diese Forderung gilt sicher auch für die Lehrperson. Personalisieren bedeutet in ihrem Fall, sich zu vergegenwärtigen, wo und wie man sich selber mit seiner Person im Arbeitsalltag zwischen den Polen „reflexive Distanz" und „emotionale Nähe" (Schart 2014, S. 42) bewegt.

### 4.4.4 Vertrauen

Die Erforschung der wechselseitigen Beeinflussung von Lehrenden und Lernenden bildet ein wesentliches Anliegen der Interaktionsforschung. Eine wesentliche personale und soziale Ressource innerhalb eines Interaktionsprozesses ist das Vertrauen.

Schulischer Unterricht kann nicht ohne Vertrauen zwischen den Beteiligten auskommen. Und zugleich handelt es sich um ein facettenreiches Konzept, das eine vertiefte Reflexion auch in der Ausbildungsphase verdient.

Aus Untersuchungen (Schweer 2015) kennen wir die wesentlichen Faktoren einer vertrauensvollen Beziehung:
- Vertrauen hat eine kognitive, eine emotionale und eine behaviorale Komponente.
- Vertrauen ist verbunden mit der Erwartung der Gegenseitigkeit.
- Vertrauen ist gebunden an eine personale und eine situative Dimension.
- Der Anfangskontakt begründet das Ausmaß eines Vertrauensverhältnisses.
- Vertrauen stellt eine Beziehungs- und eine Leistungsvariable (Interessenssteigerung und Angstreduktion) dar.

Als junge Lehrerin und junger Lehrer ist man in der Regel bemüht, Vertrauen bei den Schülerinnen und Schülern in die eigene Person auszulösen, wie das Fallbeispiel in Reflexionsaufgabe 4.9 zeigt.

**REFLEXIONSAUFGABE 4.9**

Ein Fallbeispiel:
Vertrauen zu schaffen war auch das Anliegen des Kollegen, der eine 8. Klasse als Fachlehrer übernommen hatte. So wurde der Klasse mitgeteilt, dass der Termin von Klassenarbeiten stets angesagt würde. Gerade diese letzte Ankündigung führte zu einem späteren Zeitpunkt zu folgender kritischen Situation: In der Zeit zwischen den Osterferien und den Sommerferien war die Aufmerksamkeit der Schülerinnen und Schüler in vielen Stunden beschränkt und der Lernfortschritt entsprechend bescheiden. Die Vermittlung eines neuen grammatischen Problems war zäh, die Aufmerksamkeit ließ zu wünschen übrig, und der Eindruck entstand, dass die Schülerinnen und Schüler keine Lust hatten und auch nicht aufpassten. Banale Hinweise wie „Das ist wichtig und wird auch Gegenstand in der nächsten Klassenarbeit sein" gingen ins Leere und konnten die Lernbereitschaft nicht anstacheln. Es war spürbar, dass der Lehrer die Schülerinnen und Schüler nicht erreichte.
Der Ärger auf Lehrerseite war groß. Er fühlte sich enttäuscht von der Klasse und beschloss daraufhin, die Schülerinnen und Schüler mit einer nicht angekündigten Klassenarbeit zu überraschen, man kann auch sagen: für ihr Desinteresse zu bestrafen. In der Folgestunde betrat der Lehrer mit dem Stapel der Klassenarbeitshefte das Klassenzimmer.

Nach der Begrüßung teilte er der Klasse mit, dass eine Klassenarbeit geschrieben werde und ließ die Hefte austeilen. Die Reaktion der Lerngruppe war deutlich: Die Gesichter der Schülerinnen und Schüler zeigten eine Mischung aus Enttäuschung, Niedergeschlagenheit und teilweise Verachtung. Keiner der Lernenden protestierte verbal, aber sie fühlten sich hintergangen, denn sie hatten immer an die Aussage des Lehrers geglaubt, dass Klassenarbeiten angesagt würden. Das Vertrauen war verspielt. Das Ende der Geschichte: Die Klassenarbeit fiel so schlecht aus, dass der Schulleiter sich weigerte, diese Arbeit zu werten.

Was raten Sie dem Kollegen, was den Schülerinnen und Schülern in dieser Situation?

**ZUM WEITERLESEN**

- Brüll, M. (2010): *Akademisches Selbstkonzept und Bezugsgruppenwechsel. Einfluss spezieller Förderklassen bei hochbegabten Schülern.* Göttingen/Bern: Hogrefe.
- Schweer, M. K. W. (2011) (Hrsg.): *Lehrer-Schüler-Interaktion. Inhaltsfelder, Forschungsperspektiven und methodische Zugänge.* Wiesbaden: Verlag für Sozialwissenschaften.

## 4.5 Reflexivität

Um solche Negativerfahrungen zu vermeiden und eine professionelle Ausübung des Lehrerberufs zu befördern, das mögliche Folgen des eigenen Handelns absehen kann, ist Reflexivität ein weiterer essentieller Baustein für Erfolg und Freude am Lehrerberuf. Reflexivität meint dabei mehr als nur „Nachdenken" und das „Antizipieren möglicher Folgen des eigenen Handelns": *Reflexivität steht in dem Anspruch, eine Brücke zwischen Theorie und Praxis zu schlagen, indem sie in Praxis verankertes Wissen versucht sichtbar zu machen und das eigene Handeln kritisch zu hinterfragen.* Das in dem Fallbeispiel aus Kapitel 4.4 durch verschiedene Einzelhandlungen mutmaßlich zunichte gemachte Vertrauen hätte bei einer reflexiven, zukünftige Ereignisse antizipierenden Haltung gegenüber Unterricht(en), Lehr(er)verhalten und Lerngruppe vermutlich vermieden oder zumindest früher erkannt werden können.

Reflexivität lässt sich insbesondere auf zwei Ebenen verorten, die den Lehrerberuf charakterisieren:
- Reflexivität auf der eher kurzfristig angelegten Mikro-Ebene des Unterricht(en)s,
- Reflexivität auf der langfristig zu betrachtenden Makro-Ebene der eigenen (Lehr-)Person.

Die beiden Ebenen greifen nicht nur ineinander, jede für sich bietet zahlreiche Ansätze oder Schlüsselmomente zur Reflexion. Strukturelle Begebenheiten auf beiden Ebenen sind jederzeit von Bedeutung und sollen nachfolgend umrissen werden. Insgesamt ist dabei Reflexion zunächst etwas sehr Persönliches und Individuelles, sie bezieht sich auf eigene Glaubenssätze zum Unterrichten, dem System Schule und einzelnen Lernenden und hinterfragt diese. Wenn beispielsweise im Rahmen erster Schulpraktika reflektiert werden soll, geschieht dies in der Regel zum Ziel der ersten Distanzierung von der eigenen Rolle des/der Lernenden hin zum Aufbau eines Habitus des/der Lehrenden. Konzepte von Unterricht, die man selbst in mindestens 12 oder 13 Jahren Schule erlebt hat, werden hinterfragt, die eigene Berufsentscheidung wird reflektiert, theoriegeleitetes Fachwissen erfahrungsgemäß besonders kritisch bewertet (siehe Kapitel 3), die Anwendbarkeit fachdidaktischer Konzepte auf schulische Wirklichkeit und spätestens mit dem Eintritt in den Schuldienst auch die eigene Rolle innerhalb eines Kollegiums und einer Schule, in einzelnen Lerngruppen und in Interaktion mit Eltern, Behörden und Vorgesetzten.

### 4.5.1 Reflexivität auf der Mikro-Ebene des Unterricht(en)s

Reflexivität im Unterricht hat zum Ziel, die Unterrichtsplanung angepasst an die Lerngruppe und den anvisierten Kompetenzzuwachs zu planen und gleichzeitig im Unterricht situationsangemessen zu handeln sowie im Nachhinein mit einem gewissen Abstand die Unterrichtsplanung und seine eigenen Reaktionen kritisch zu betrachten.

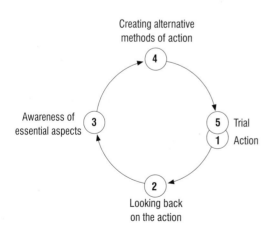

Reflexiver Zyklus im ALACT-Modell
(Quelle: Korthagen/Vasalos 2005, S. 49)

Das holländische ALACT-Modell von Korthagen u. a. (2001) beschreibt das strukturierte Reflektieren von Unterricht eindrücklich (siehe Abbildung). Die im Unterricht ausgeführte bzw. eingesetzte Methode, Interaktion, Handlung oder der kritische Moment *(critical incident)*, der geschehen ist (1: *Action*), wird bewusst gemacht und rückblickend betrachtet (2: *Looking back*). Dann erfolgt eine klare Fokussierung auf einzelne Aspekte der Handlung (3: *Awareness*), was daher wichtig ist, da die Komplexität der Unterrichtsfaktoren kaum in Gänze greifbar (und damit reflektierbar) gemacht werden kann.

Man trägt Hypothesen an eine einzelne ausgewählte, prägende oder kritische Situation heran, aus denen im vierten Schritt einzelne Aspekte in alternative Handlungsoptionen entwickelt (4: *Creating*) und dann wiederum im Unterricht ausprobiert werden (5: *Trial*). Damit beginnt der Zyklus von neuem.

Dieses Modell von Reflexion lässt sich sehr gut auf einzelne Aspekte des Unterrichtens übertragen und stellt damit einen wichtigen Baustein auch für Nachbesprechungen zum Beispiel von Unterrichtsbesuchen dar, in deren Rahmen auch immer Handlungsalternativen zum eben durchgeführten Unterricht dargestellt werden müssen. Wichtig ist hierbei, dass die Reflexion nicht auf dem reinen Identifizieren von problematischen Aspekten und dem Formulieren von Alternativen steckenbleibt, sondern diese Alternativen auch möglichst zeitnah didaktisch-methodisch unterfüttert im eigenen Unterricht ausprobiert werden. *Der reflexive Zyklus kann nur dann abgeschlossen werden, wenn die Bewusstmachung von lernförderlichen wie lernhinderlichen Planungsentscheidungen und potenziellen Alternativen auch wiederum im Unterricht ausprobiert und erneut reflektiert wird.* Nur auf diese Weise kann nach und nach wirksam der eigene Unterricht entwickelt werden.

> Reflexion von Unterrichtspraxis wird sichtbar, wenn alternatives Handeln eingesetzt und bewertet wird.

Wie allerdings auch schon verdeutlicht wurde: Das Handeln im Unterricht ist in Teilen unvorhersehbar, tages- und fachabhängig, von Motivation, der ganz persönlichen Interessenlage der Lehrkraft und der der Lernenden sowie vielen weiteren Faktoren abhängig. Ein in einem Reflexionszyklus als wirksam und nachhaltig identifiziertes Unterrichtskonzept mag in der einen Lerngruppe funktionieren, eine vermutete Erfolgsgarantie für die Umsetzung in einer anderen Lerngruppe darf allerdings keine logische Konsequenz sein.

Das ALACT-Modell bleibt zudem sehr stark auf den im Vorfeld planbaren Bereich des Unterrichts beschränkt. Die Flexibilität (und Reflexivität!), die spontan beim Unterrichten nötig ist, kann mit dem Modell nicht ausreichend aufgegriffen werden. Lehrpersonen müssen im Unterricht jedoch ständig innerhalb von Bruchteilen einer Sekunde Entscheidungen treffen. Diese Entscheidungen passieren in der Regel zwar selten losgelöst von Wissen oder Überzeugungen, können sich aber dennoch (wenn dann mit gewissem Abstand reflektiert) als wenig zielführend entpuppen. Dass dieser Bereich des Professionswissens als Basis für das Handeln im Unterricht eine große Rolle spielt, hatte der amerikanische Philosoph Donald Schön (1983) bereits in den 80er Jahren konkretisiert. Er prägte die Unterscheidung der *reflection on action*, die ähnlich wie das ALACT-Modell im Nachhinein mit etwas Abstand abläuft, und der *reflection in action*, die das Reflektieren im unmittelbaren

**REFLEXIONSAUFGABE 4.10**

> Haben Sie heute (entweder in Ihrem privaten Alltag oder in der Schule) eine bedeutende(re) Entscheidung treffen müssen? Versuchen Sie, im Nachhinein zu erklären, wie Sie diese Entscheidung getroffen haben: War sie spontan? Überlegt? Logisch erklärbar? Eine unerwartete Reaktion auf das Handeln Ihres Gegenübers? Machen Sie sich in Ihrem Unterrichtsalltag bewusst, wie Sie mit spontan nötigen Entscheidungen umgehen und wie Sie diese Entscheidungen möglicherweise sogar begründen können.

Handlungszusammenhang meint. Schön war damals bereits davon überzeugt – wie heute viele Erziehungswissenschaftler/-innen – dass man über ein bedeutendes implizites Wissen verfügt, das sich im Handeln widerspiegelt, man dieses aber selten tatsächlich aktiv artikulieren, erklären und begründen kann. Ziel der *reflection in action* soll dann sein, spontanes Handeln erklärbarer und greifbarer zu machen, sich seines spontanen Handelns bewusst zu werden und damit das (implizite) Wissen, das dieses spontane Handeln steuert, aktiver reflektieren zu können und explizit zu machen anstatt ihm in gewisser Weise „ausgeliefert" zu sein.

Gerade im Zusammenhang mit *classroom management* und spontaner Interaktion im Klassenraum führt der stetige Aufbau von Routinen (siehe Kapitel 4.6) zu einer gewissen Sicherheit, der Kenntnis von Handlungsabläufen, die man sicher einsetzen kann. Gleichzeitig können sich auch Routinen einschleifen, die nicht kontrollierbar sind, im Spannungsfeld von Routinen und neuen Methoden, die man einsetzen möchte, treten plötzlich unvorhersehbare Reaktionen vonseiten der Lernenden, Kolleginnen und Kollegen oder anderen Personen ein, die verwirren, frustrieren und möglicherweise nachhaltig negativ auf die Lehrperson einwirken. Letzteres geschieht insbesondere dann, wenn die Reaktionen auf eigene Handlungen mit dem eigenen Wissen nicht erklärbar gemacht werden können. Dies sind häufig Momente, die auf der nächsthöheren Ebene der eigenen (Lehr-)Person reflektiert werden müssen.

### 4.5.2 Reflexivität auf der Makro-Ebene der eigenen (Lehr-)Person

An anderer Stelle wurde bereits herausgearbeitet, dass die Arbeit an der eigenen Persönlichkeit eine bedeutende Grundbedingung für die erfolgreiche und zufriedene Tätigkeit als Lehrer/-in darstellt. Reflexivität ist hierbei ebenfalls ein wichtiger Baustein, der nicht nur auf der methodisch-didaktischen Mikro-Ebene des Unterrichts, sondern auch auf der langfristig zu betrachtenden Persönlichkeitsebene wirksam sein kann. Reflexion auf der Makro-Ebene der Lehrperson, ihres Wissens und Handelns sowie ihrer Berufsbio-

## 4.5 Reflexivität

**REFLEXIONSAUFGABE 4.11**

Beantworten Sie für sich diese Fragen bezüglich Ihrer aktuellen Rolle als Lehramtsstudent/-in, Referendar/-in oder Lehrkraft:
- Meine Mission: Warum bin ich hier?
- Meine professionelle Identität: Wer bin ich und was ist meine Rolle in diesem Kontext?
- Meine Glaubenssätze: Woran glaube ich? Wovon bin ich überzeugt?
- Meine Kompetenzen: Was kann ich (gut)? Wodurch zeichne ich mich aus?
- Mein Handeln: Wie handle ich? Wie agiere/reagiere ich?
- Meine Umwelt: Womit muss ich umgehen? Was beeinflusst mich und mein Handeln?

grafie steht letztlich auch in dem Anspruch, *kritische Reflexivität* zu fördern. Aus der Kritischen Theorie heraus für den Kontext der Sozialen Arbeit argumentierend stellen Fook und Askeland (2007) dar, was kritische Reflexivität beinhaltet und bewirken kann:

> Critical reflection must incorporate an understanding of personal experience within social, cultural and structural contexts. Ultimately, through critical reflection on deep assumptions, especially about the social world and the individual person's connection with it, a person should be able to become more empowered in acting within and upon her or his social world. (Fook und Askeland 2007, S. 3)

Bedeutend ist hier insbesondere, dass der gesamte Kontext, in dem die Reflexion stattfindet, gesehen wird und dadurch Potenzial für Veränderung entsteht. Eine Reflexion der eigenen Person, der Lehrperson, die man im Unterricht darstellt, sowie der Kollege oder die Kollegin, der/die man für andere ist, lässt sich dabei auf mehreren Ebenen ansetzen. Korthagen und Vasalos (2005) haben dies in einem zwiebelartigen Modell (siehe Abbildung) angelegt, das die individuellen Reflexionsebenen zu beschreiben vermag. Von innen nach außen kann man mit diesem Modell verschiedene erste, abstraktere Reflexionsfragen aufwerfen.

Jede der Fragen und Ebenen dieses Reflexionsmodells lässt sich auch gezielt auf Unterrichtssituationen beziehen, die Ebenen bedingen einander, schließen untere Ebenen mit ein oder lassen sich von innen nach außen oder umgekehrt erschließen. Bei konkreten Klassenraumsituationen eignet sich eine Analyse

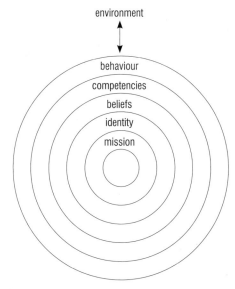

Zwiebelmodell der verschiedenen Ebenen von Reflexivität
(Quelle: Korthagen/Vasalos 2005, S. 54)

## 4 Mit Zufriedenheit und Erfolg unterrichten

> Die Ebenen des Reflexions-Zwiebelmodells lassen sich in beide Richtungen und wechselseitig erschließen.

von außen nach innen, bei Fragen der Lehrerpersönlichkeit oder allgemeinen und umfassenderen Handlungsempfehlungen erscheint es sinnvoller, von der eigenen Mission auszugehen. Zwei Beispiele:

- *Von der Umwelt zur Mission:* Wird das Lehrerhandeln primär von *äußeren Faktoren* wie zum Beispiel Unterrichtsstörungen beeinflusst? Wie *reagiert* die Lehrperson auf diese Störungen? Sind *Kompetenzen* vorhanden, um diesen zu begegnen? *Glaubt* die Lehrkraft, dass nur die Lernenden Ursache von Unterrichtsstörungen sind oder kann auch sie selbst ein Faktor sein, der den Unterrichtsfluss „stört"? Äußert sich die *professionelle Identität* darin, die Unterrichtsstörung zu unterbinden oder kann ihre Auflösung auch von den Lernenden selbst initiiert werden?

- *Von der Mission zur Umwelt:* Wie gelingt es, qualitativ guten Unterricht in einer zur Unruhe neigenden Klasse umzusetzen? Welche *Glaubenssätze* bestehen von der Lerngruppe oder einzelnen Lernenden (vielleicht sogar Überzeugungen, die gar nicht von mir persönlich stammen, sondern von Kollegen, oder einzelne Eindrücke, die ich aus Einzelstunden gewonnen habe)? Wie können die *Kompetenzen* gezielt eingesetzt werden, um einen qualitativ hochwertigen und abwechslungsreichen Unterricht einzusetzen, der damit gleichzeitig keine Unterrichtsstörungen provoziert? Wie können die Lernenden innerhalb des Klassenraums (oder vielleicht sogar außerhalb oder in einer anderen Raumkonzeption) in das Unterrichtskonzept möglichst breit eingebunden werden?

Zentral ist in diesem Modell damit wiederum die Selbstwirksamkeit der Lehrkraft mit ihren Überzeugungen, ihrer Identität und den Kompetenzen, die sie für ihre vielfältigen Tätigkeiten mitbringt. In den verschiedenen Schichten und mithilfe der entsprechenden Leitfragen kann man seine eigene Lehreridentität analysieren. Beispielhaft definiert Varghese (2006) Lehreridentität als „die Einflüsse auf Lehrpersonen, wie sie sich selbst sehen und wie sie ihre Profession in ihrer Umgebung ausgestalten" (ebda., S. 212). *Die Förderung einer reflexiven Identität fördert die (selbst-)kritische Auseinandersetzung mit den eigenen Fähigkeiten und Fertigkeiten, dem eigenen Wissen und Handeln in der Schule sowie den Einflüssen, denen man als Lehrperson ausgesetzt ist.*

Die von Hericks und Kunze (2002) aufgeführten Entwicklungsaufgaben für Lehrer/-innen (siehe Kapitel 3.4) beinhalten dahingehend ebenfalls die drei Bereiche, die auf Reflexivität auf der Ebene

## 4.5 Reflexivität

der Lehrperson abzielen: *Kompetenz*, *Vermittlung* und *Anerkennung* (siehe Kapitel 3.4). Die vierte Entwicklungsaufgabe, *Institution*, zielt darauf ab, die eigene Rolle innerhalb des Systems Schule zu reflektieren. Alle vier Bereiche lassen sich mithilfe des reflexiven Zwiebelmodells bereits greifbar und analysierbar machen.

Deutlich geworden sein sollte im Zusammenhang mit dem Aspekt der Reflexivität auch, dass auf die Ebene der Mikro-Reflexionen des Unterrichtens auch jederzeit die Reflexivität der Lehrperson

**REFLEXIONSAUFGABE 4.12**

### *Tree of Life* und reflexives Schreiben

Ein anderer Zugang (vom Zwiebelmodell und den Entwicklungsaufgaben abgesehen), um einen reflexiven Zugang zur eigenen beruflichen sowie persönlichen Identität zu erhalten, ist reflexives Schreiben in Essayform. Um diese Form der Vergegenwärtigung eigener Stärken und Identitätselemente herauszuarbeiten, schlägt Farrell (2015) vor, zunächst einen *Tree of Life* anzulegen, einen Lebensbaum zu zeichnen, der gewachsene Erfahrungen und Kompetenzen über die eigene Lebens- und Berufsbiografie hinweg transparent macht. Sie beginnen – natürlich – von unten (den Wurzeln) nach oben.

- Äste: Was sind prägende Erfahrungen und Erinnerungen seit Ihrem Referendariat und Ihrer beruflichen Karriere? Jeder Ast kann eine prägende Erfahrung, eine Erkenntnis, eine Herausforderung oder Ähnliches repräsentieren.
- Stamm: Welche Erfahrungen aus Ihrer eigenen Schulzeit und aus dem Studium sind Ihnen besonders in Erinnerung geblieben? Wann trafen Sie die Entscheidung, Lehrer/-in zu werden?
- Wurzeln: Was hat Sie geprägt? Wie und wo sind Sie aufgewachsen? Was sind Ihre Werte innerhalb Ihrer Familie, innerhalb von Freundschaften im Kindes- und Jugendalter?

Haben Sie sich die verschiedenen Wurzeln, Stämme und Äste Ihrer Identität bewusst gemacht, können Sie diese unter einer bestimmten Fragestellung in einen reflexiven Essay übertragen, deren Gestaltung (Länge, Stil, Wortwahl etc.) vollkommen Ihnen überlassen ist.

Ideen für mögliche Schreibimpulse (auszugsweise in Anlehnung an Farrell 2015, S. 45):

- Warum bin ich Lehrkraft geworden?
- Für mich bedeutet das Wort „Lehrer"/„Lehrerin" …
- Ich mag meinen Beruf, weil …
- Das Einfachste/Schwierigste an meinem Beruf ist …
- Ich denke, meine Schülerinnen und Schüler glauben, dass ich …
- Als Lehrer/-in bin ich dafür verantwortlich, dass …
- Was möchte ich als Lehrer/-in hinterlassen?

© narapornm – Fotolia.com

im Ganzen Einfluss hat. Die Überzeugungen, die Selbstwirksamkeit, die Identität einer Lehrkraft, sind jederzeit bedeutsam für den Unterricht, die Arbeit mit Schülerinnen und Schülern, Kolleginnen und Kollegen sowie Eltern und muss daher auch in ihrer Gesamtheit reflektiert werden, nicht nur auf methodisch-didaktischer Ebene einzelner Unterrichtssituationen, wenngleich diese für das nachhaltige und qualitativ hochwertige Unterrichtshandeln natürlich auch nicht unterschätzt werden dürfen.

### 4.5.3 Von der Aktionsforschung über Praxiserkundungsprojekte zu *communities of practice*

Im Kontext der Entwicklung eines reflexiven Lehrerhabitus wird in den letzten Jahren verstärkt empfohlen, dass Lehrpersonen eine forschende Haltung gegenüber ihrer Praxis einnehmen und in kleineren Projekten sogenannte *Lehrerforschung*, *Praxisforschung* bzw. *Aktionsforschung* betreiben. Altrichter und Feindt (2014) sehen Donald Schöns Konzeption des „reflexiven Praktikers" in diesem Zusammenhang als zentral: Indem man unterrichtsmethodisch-didaktische Herausforderungen im Unterricht identifiziert und umfangreichere Lösungsmöglichkeiten entwickelt, ausprobiert und diese evaluiert, wird die kritische Haltung gegenüber dem eigenen Handeln im Unterricht gestärkt. Dabei wirkt häufig der Begriff der „Forschung" in den oben genannten Begriffen für Lehrer/-innen abschreckend, verbindet man doch mit Forschung häufig komplexe Fragestellungen, hohe Stichprobenzahlen, schwierige Untersuchungen und langwierige Auswertungen. Diese Komplexität ist jedoch nicht das Ziel von Aktionsforschung, weswegen der Begriff „Praxiserkundungsprojekt" (PEP; Legutke 2012) möglicherweise die Intention dieses Ansatzes besser zu erklären vermag.

Gemeinhin kann eine solche Praxiserkundung dem ALACT-Modell der Reflexivität folgen, allerdings müssen dann zwei Aspekte besonders betont und gegebenenfalls ergänzt werden:
- *Implementation einer theoretischen Grundlage:* Sobald eine Schwierigkeit identifiziert wurde, die man im Unterricht lösen möchte, oder wenn man eine neue Methode ausprobieren möchte, ist es unerlässlich, diese anhand fachdidaktischer Prinzipien zunächst zu durchdringen und anhand theoretischer Grundlagen Lösungsoptionen zu erarbeiten.
- *Evaluation der Lösungsoption(-en):* Um herauszufinden, inwiefern die gewählte Option einen Erfolg (oder eben keinen) hat, ist es nötig, eine bestimmte Form der Evaluation oder des Feed-

## 4.5 Reflexivität

**PRAXISERKUNDUNGSPROJEKT (PEP)**

Das Goethe-Institut stellt auf seiner Website „10 Schritte zum Praxiserkundungsprojekt (PEP)" als Download zur Verfügung (https://www.goethe.de/resources/files/pdf22/dll_10SchrittezumPEP.pdf). Kurz zusammengefasst beinhaltet dieses Vorgehen folgende 10 Schritte:

1. einen Partner/eine Partnerin finden, mit der man ein Projekt durchführen möchte
2. eine gemeinsame Fragestellung finden
3. Ideen und Hintergrundinfos mit einer größeren Kollegengruppe austauschen
4. herausfinden, in welchem Kontext und mit welchen Mitteln die Fragestellung beforscht werden kann
5. das PEP planen
6. Projekt durchführen und Daten sammeln
7. Projekt auswerten
8. Ergebnisse in der Kollegengruppe (siehe Schritt 3) vorstellen
9. PEP in Gänze (und gegebenenfalls einem größeren Rahmen) präsentieren
10. CPEP und eingeholtes Feedback dokumentieren

backs zu gestalten. Dies können Fragebögen für die Lernenden sein, eigene Unterrichtsbeobachtungen (oder die von hospitierenden Kolleginnen und Kollegen), vergleichende Lernstandserhebungen, einfache Formen der mündlichen Rückmeldung im Unterricht. Diese sollten dann jedoch möglichst in Relation zum Beispiel zu vorherigen, ähnlich gelagerten Vorhaben gesetzt werden können.

Beide Aspekte steigern die Komplexität reflexiver Praxis in gewissem Maße, allerdings haben sie auch durch den stringenten Einbezug theoretischen Wissens und das (nötige) Einholen von Feedback große Vorteile, was auch Hattie (2014) in seiner Studie als zentral für qualitativ hochwertige Unterrichtsentwicklung herausgearbeitet hatte. Dem größeren Aufwand kann man auch damit entgegenwirken, dass man Praxiserkundungsprojekte mit Kolleginnen und Kollegen gemeinsam plant, durchführt und die Ergebnisse vergleicht. Legutke (2012) empfiehlt explizit (siehe Kasten *Praxiserkundungsprojekt*), die Ergebnisse vorzustellen, damit man im kollegialen Austausch von den persönlichen Erfahrungen und Erkenntnissen profitieren kann. Durch den Austausch von Praxiserkundungsprojekten mit Kolleginnen und Kollegen besteht die Chance, dass sich nachhaltig agierende *Communities of Practice* entwickeln, die sich gegenseitig über ihre Praxis, ihre Erfahrungen und Ideen, ihre Lerngruppen sowie neue methodisch-didaktische Ansätze austauschen. Diese Gemeinschaften entwickeln sich durch den Austausch und das Stecken persönlicher und professioneller Ziele über einen längeren Zeitraum hinweg und stellen damit eine eigene Fortbildung und Weiterqualifikation in sich dar. Während solche Gemeinschaften im Studium und durch die eigene Referendarsgruppe noch selbstverständlich sind, verliert der gemeinschaftliche und soziale Aspekt, den Lehrerprofessionalität auch in der Zusammenarbeit und Kooperation mit Kolleginnen und Kollegen mit sich bringt, im Unterrichtsalltag leider häufig an Bedeutung. Über den gemeinsamen Gegenstand (zum Beispiel gemeinsame Lerngruppen, pädagogische oder fachdidaktische und methodische Herausforderungen) können diese Gemeinschaften auch im Berufsalltag Gruppen bilden, innerhalb derer Erfahrungswissen, Ideen und Reflexivität sich gegenseitig positiv beeinflussen und stützen.

Allerdings: *Die Teilnahme an reflexiv agierenden Gemeinschaften, den* Communities of Practice, *(oder deren Installation) muss vonseiten der individuell und potenziell beteiligten Lehrer/-innen ausgehen.* Geschieht sie „top down" oder durch einen gewissen Gruppenzwang („Ich muss hier mitmachen, sonst bin ich nicht mehr Teil der Lehrergemeinschaft"), besteht die große Gefahr, dass implizite Vergleichs- oder Stresssituationen entstehen, Erwartungen formuliert und an einen herangetragen werden, die man nicht mehr erfüllen kann. Daher sollte ganz klar herausgestellt werden, dass diese Form der Reflexivität zwar sicherlich effektiv und nachhaltig ist, ihr Erfolg aber von zahlreichen Bedingungen (auch der individuellen Lehrerpersönlichkeit) in hohem Maße abhängig ist.

**ZUM WEITERLESEN**

Wenger E. (1998): *Communities of Practice: Learning, Meaning, and Identity*. Cambridge: Cambridge University Press.

## 4.6 Routinen und Innovation: Meine Ressourcen für Verlässlichkeit und gegen Langeweile im Unterricht

*Die Unterrichtsstunde als ein komplexer Prozess verlangt ein kompetentes Zusammenspiel von Routinen sowie innovativen Handlungen seitens der reflexiv agierenden Lehrperson.* Denn nur ein solcher Mix ermöglicht es, für sich selbst als Unterrichtendem/Unterrichtender eine Selbstwirksamkeitskompetenz zu gewinnen, die Voraussetzung dafür ist, in den Jahren des Berufslebens zufrieden und gesund zu agieren. Auch gelingt es im bewährten Vollzug bekannter Schemata und der Einbeziehung innovativer Verfahren, die Schülerinnen und Schüler nicht nur punktuell, sondern nach-

## 4.6 Routinen und Innovation: Meine Ressourcen für Verlässlichkeit und gegen Langeweile im Unterricht

haltig für den Lernprozess zu motivieren. Und schließlich kann man davon ausgehen, dass durch das gekonnte Zusammenspiel von eingeführten, festen Strukturen sowie innovativen Phasen die Grundlage für eine Qualität des Unterrichts gelegt wird.

**REFLEXIONSAUFGABE 4.13**

Diskutieren Sie die folgende Aussage eines Kollegen. Stimmen Sie ihm zu?
„Ich finde es wichtig, dass meine Schülerinnen und Schüler auch merken, dass ich mich weiterentwickle."

### 4.6.1 Routinen

Studierende und junge Lehrer/-innen in Ausbildung drängen oft darauf, dem Unterricht einer erfahrenen Lehrkraft beiwohnen zu können. Wie erklärt sich dieses Interesse? Es ist in den meisten Fällen weniger dem Wunsch geschuldet, besonders ausgefallene Elemente der Unterrichtsführung kennenzulernen (die sehr stark der einzelnen Persönlichkeit des/der Unterrichtenden geschuldet sind), als vielmehr zu sehen und zu hören, wie durch bestimmte wiederkehrende Verhaltensweisen der Unterrichtsverlauf strukturiert wird. Solche eingespielten Verfahren in der Lehrer-Schüler-Beziehung innerhalb einer Unterrichtsstunde bezeichnen wir als *Routinen*.

> Routinen haben eine Funktion als eingespielte Elemente guten Unterrichts.

Routinen haben für die am Unterricht Beteiligten eine bestimmte Bedeutung: Über die Einführung und Durchsetzung von Routinen zeigt die Lehrperson gegenüber den Lernenden ihr Verständnis vom Lernprozess, und sie verdeutlicht ihre Erwartungen bezüglich des Verhaltens des Einzelnen in der Lerngruppe. *Routinen bieten der Lehrperson die Chance, ihre Einstellung zum Fach, ihr persönliches Verständnis vom Lernen und ihre Einstellung gegenüber den Lernenden zu profilieren und transparent zu machen.* Schülerinnen und Schüler einer Lerngruppe (Klasse oder Kurs) haben in der Regel viel mehr Erfahrung mit den unterschiedlichen Verhaltensmustern von Lehrenden als (junge) Lehrer/-innen mit dem Verhalten einzelner Lernenden oder einer Lerngruppe. Aber die Begegnung mit einer neuen Lehrkraft ist auch für jeden Schüler und jede Schülerin eine neue Situation. Er/sie muss sich auf die neue Lehrperson und deren Erwartungen, Anforderungen und Interaktionsmuster einstellen. Indem die Lehrperson in diesen Bereichen durch die Einführung und Anwendung bestimmter Routinen Transparenz herstellt, gibt sie den Schülerinnen und Schülern Sicherheit. *Die neue Lehrperson wird durch die Umsetzung von Routinen im Unterricht für die Schülerinnen und Schüler zu einer verlässlichen Person.* Damit werden Gefühle der Unberechenbarkeit, die wie-

derum Angst erzeugen, reduziert, was positive Auswirkungen auf den Lernprozess hat, Vertrauen entsteht (siehe Kapitel 4.4.4).
Anwendungsbereiche von Routinen in der Schule sind:
- Form der Begrüßung der Schülerinnen und Schüler zu Stundenbeginn
- Überprüfung der Hausaufgaben
- Einführung eines Farbcodes bei der Vermittlung fachwissenschaftlicher Strukturen (zum Beispiel Grammatik oder Fachbegriffe)
- Einsatz von Gestik und Mimik zur Unterrichtssteuerung
- Erwartungen an die Mitarbeit
- Hinweise zur Heftführung
- Rückmeldung bei fehlerhaften Äußerungen
- Tafelorganisation
- Verfahren bei der Besprechung und Rückgabe von Klassenarbeiten
- Beendigung der Unterrichtsstunde
- Sanktionen bei abweichendem Verhalten, auch zum Beispiel bei fehlenden Hausaufgaben

> Routinen bilden eine wichtige Grundlage im Lehr-/Lernprozess.

Ein letzter Gesichtspunkt, der die positive Bedeutung von Routinen für den Unterricht verdeutlicht, darf nicht unerwähnt bleiben. *Routinen sind Bausteine der Unterrichtsökonomie.* Sie bilden allseits bekannte Handlungsmuster, entlasten somit das Unterrichtsgeschehen von sich wiederholenden Phasen des Aushandelns von Verfahrensweisen und ermöglichen eine Konzentration auf den Unterrichts- und Lerninhalt.

Einzelne Studien zeigen aber auch, dass die Gefahr besteht, dass Routinen zwar ein störungsfreies interaktives Zusammenspiel zwischen Lehrperson und Lernenden bewirken, dass sie aber so dominierend werden können, dass der sachbezogene Lehr-/Lernprozess beeinträchtigt wird (vgl. Helsper 2014). Diesem kann durch den Einbezug von Feedback der Lernenden oder aus Beobachtungen durch Kolleginnen und Kollegen des eigenen Unterrichts sowie einer reflexiven Praxis entgegengewirkt werden.

Aus ihrer Funktion der individuellen Profilierung des Unterrichtenden, der Herausbildung einer Lehrerpersönlichkeit, ergibt sich zwangsläufig auch, dass es keine allgemeinen Hinweise zur Art einzelner Routinen geben kann. Es ist auch nicht sinnvoll, Routinen eines erfahrenen Kollegen oder einer erfahrenen Kollegin kopieren zu wollen. *Die Intention, der Umfang sowie die Form von Routinen müssen individuell als Teil eines Selbstkonzepts bestimmt und umgesetzt werden.* Sie sind zugleich immer auch Gegenstand ei-

wesen. Für die Fremdsprachendidaktik beispielhaft gesprochen kontrastiert der Sammelband von Hyland/Wong (2013) schon im Titel *Innovation and Change in English Language Education* die beiden Begriffe „Veränderung" und „Innovation".

Wir sehen zwischen beiden Begriffen einen qualitativen Unterschied und führen die folgende begriffliche Unterscheidung für den Rahmen der weiteren Ausführungen ein. *Veränderungen* bezeichnen Handlungen, die dazu führen, dass ein eingeführtes Handlungsschema durch ein neues Handlungsschema ersetzt wird. Auslöser für Veränderungen können zum Beispiel veränderte Unterrichtsmaterialien (Tafel und elektronisches Whiteboard/Smartboard, neue Lehrwerke mit Einbindung von E-Learning-Elementen), neue Lehrplanvorgaben (metakognitive Lernbewusstheit als Zielvorgabe) oder auch neue didaktische Erkenntnisse (Tandemlernen, Aufgabenorientierung) sein. Der Umfang und die Art ihrer Umsetzung liegt in der fachlichen Kompetenz der Lehrperson.

Die Anwendung des Innovationsbegriffs, der ursprünglich aus dem Bereich der Wirtschaftswissenschaften stammt und dort die mit technischem, sozialem und wirtschaftlichem Wandel einhergehenden (komplexen) Neuerungen bezeichnet[7], wird in unserem auf die Lehrerpersönlichkeit bezogenen Ansatz eingeschränkt und zugespitzt. *Innovation* bezeichnet die reflektierte Umsetzung einer neuen sozialen Handlungsweise in einem pädagogischen Kontext.

| **Veränderungen** bezeichnen Handlungen, die dazu führen, dass ein eingeführtes Handlungsschema durch ein neues Handlungsschema ersetzt wird. | **Innovation** bezeichnet die reflektierte Umsetzung einer neuen sozialen Handlungsweise in einem pädagogischen Kontext. |
|---|---|

Dabei stellt sich für die Lehrperson eine doppelte Herausforderung. *Als Verantwortlichem/Verantwortlicher für den eigenen Unterricht ist die Lehrperson immer wieder aufgefordert, eine wertschätzende Lernkultur mit motivierenden Lerngelegenheiten anzubieten.* Als Akteur im institutionellen Kontext „Schule" haben Lehrpersonen die Aufgabe, an einem steten Innovationsprozess mitzuwirken, denn „lebendige Unternehmen müssen versuchen, sich verbessernd zu verändern, da sich das Umfeld permanent und diskontinuierlich verändert" (Bergmann/Daub 2005, S. 54). Schule ist eben

---

[7] Vgl. Eintrag „Innovation" von Möhrle/Specht in Gablers Wirtschaftslexikon. http://wirtschaftslexikon.gabler.de/Definition/innovation.html (Zugriff: 13.10.2016).

in einer sich verändernden Welt keine starre Institution, die auf Innovation verzichten kann.[8]

Innovationen können unterschiedlich klassifiziert werden. Unter Bezugnahme auf das Kriterium der Neuigkeit unterscheiden Bergmann/Daub (2008, S. 62):
- Basisinnovationen
- Verbesserungsinnovationen
- Anpassungsinnovationen

Der erste Begriff bezeichnet gänzlich neue Produkte, während der zweite Begriff sich auf die Entwicklung erweiterter Nutzenaspekte bestehender Produkte bezieht. Innovationen im pädagogischen Bereich, die ein neues Handeln in einem gegebenen situativen Kontext zum Ausdruck bringen, sind *Anpassungsinnovationen*. Es handelt sich – um auf eine gängige Begriffsbildung zurückzugreifen – nicht um radikale, sondern schrittweise Innovationen.

### Voraussetzungen für Innovationen

Damit aus Ideen Innovationen werden können, bedarf es nach Disselkamp (2005, S. 59) bestimmter Voraussetzungen:
- Innovationsbereitschaft („Wollen")
- Innovationsfreiräume („Dürfen")
- Innovationsfähigkeit („Können")
- Innovationsmanagement („Machen")

**Innovationsbereitschaft.** Schon der Gedanke, den eigenen Unterricht durch Neuerungen im Sinne von Innovationen aufzuwerten, setzt den Willen voraus, die eigene Unterrichtspraxis kritisch im Hinblick auf ihre Wirksamkeit und das Lernklima zu reflektieren. Getreu der Devise, dass das Bessere der Feind des Guten ist, ist es wichtig, die Bereitschaft zu haben, eigene Gewissheiten infrage zu stellen und nach Verbesserungen zu suchen. *Innovationen in den Unterricht einzubeziehen bedeutet auch den Willen zu haben, die bewährten, aber vielleicht ausgetretenen Pfade in der unterrichtlichen Interaktion zu verlassen.*

**Innovationsfreiräume.** Aber, so fragen sich viele Lehrer/-innen, habe ich denn überhaupt das Recht, von den bewährten Verfahren, die mir im Rahmen der Ausbildung am Studienseminar als „opti-

---

8 Bergmann/Daub (2008, S. 54) weisen zu Recht darauf hin, dass bei wenig komplexen und dynamischen Kontexten es besser ist, bewährte Routinen und Strukturen zu erhalten als Neues zu probieren und zu variieren.

## 4.6 Routinen und Innovation: Meine Ressourcen für Verlässlichkeit und gegen Langeweile im Unterricht

ner Reflexivität der Lehrperson. Dies bedeutet auch, dass einzelne Routinen langfristig gedacht, modifiziert und einer veränderten Situation gegebenenfalls angepasst werden.

**FALLBEISPIEL: Routinen**

„Als junger Lehrer erinnerte ich mich noch gut an die eigene Schulzeit und das Drama, das in unterschiedlicher Intensität – je nach Lehrperson – entstand, wenn ein Schüler oder eine Schülerin sein oder ihr Hausaufgabenheft, das Lehrbuch oder sonst etwas Wichtiges für den Unterricht vergessen hatte. Dies wollte ich in meiner Unterrichtspraxis auf jeden Fall vermeiden. In der ersten Stunde der Übernahme der 7. Klasse informierte ich die Klasse, dass jeder einmal etwas vergessen könne. Dies sei menschlich, und der betreffende Schüler, dem dies passiere, solle sich bei mir zu Beginn der Stunde melden. Wenn dies allerdings öfter geschehe, dann gebe es nach dem dritten Mal eine Eintragung ins Klassenbuch.
Diese Regelung (eine Routine!) wurde beifällig von den Lernenden aufgenommen. Womit ich allerdings nicht gerechnet hatte, war die große Anzahl der Schülerinnen und Schüler, die – in Beachtung dieser Regelung – zu Stundenbeginn zu mir kamen, um mir zu sagen, dass sie dieses oder jenes vergessen hatten. Ich führte anfangs fleißig Strichlisten, merkte aber bald, dass dieses Verfahren viel Zeit kostete und in keiner Weise eine positive erzieherische Wirkung entfaltete. Im Gegenteil: Zu Sanktionen kam es selten, da die Schüler zum Beispiel bezüglich eines fehlenden Lehrbuchs sich gegenseitig aushalfen, um nicht beim dritten Fehlen einen Tadel im Klassenbuch zu bekommen. Meine Routine erwies sich als ungeeignet, und ich musste schon bald daran denken, diese Regelung zu modifizieren."

**ZUM WEITERLESEN**

Duhigg, Ch. (2014): *Die Macht der Gewohnheit. Warum wir tun, was wir tun.* Berlin: Bloomsbury.

### 4.6.2 Innovation

Routinen bilden die Stützpfeiler eines Unterrichts, der sich durch ein zielgerichtetes, aktives, wertschätzendes Handeln zwischen den beteiligten Akteuren auszeichnet.

Ein Kernelement eines abwechslungsreichen interaktiven Prozesses im Unterricht ist das Prinzip der Innovation, das nachfolgend in seinen Grundlagen und seiner Bedeutung beschrieben wird.

**Innovation als Konzept der Lehrperson**

Der Innovationsbegriff entzieht sich auf den ersten Blick einer klaren Definition, weil seine Bedeutung in Abhängigkeit von seiner Verwendung in unterschiedlichen Bereichen (Forschung, Wirtschaft, Politik) stark variiert. Vor allem in der Betriebswirtschaftslehre, aber auch in der Psychologie sowie der Soziologie und den Kulturwissenschaften wird auf den Begriff zurückgegriffen.

Für den Bereich der Schule als staatlicher Einrichtung erscheint die Dimension der „Innovation" auf den ersten Blick obsolet. Veränderungen werden einerseits auf dem Wege administrativer

Verordnungen wie zum Beispiel neuer Fachlehrpläne, veränderter Ausbildungsverordnungen für Lehrer/-innen oder auch neue Festlegungen zum Stundendeputat „von oben" *(top down)* ausgelöst. Andererseits bilden neue Erkenntnisse der bildungswissenschaftlichen oder fachdidaktischen Diskussion, verbreitet über Fachzeitschriften und gezielte Fortbildungsangebote eine weitere Quelle für Veränderungen „von außen" in der Unterrichtspraxis. Die Lehrerin oder der Lehrer ist in diesen Fällen im wesentlichen Abnehmer/-in neuer Dispositionen oder Verfahren, die durch Dritte festgelegt oder propagiert werden.

> Lehrpersonen werden innovativ, wenn sie selbst Auslöser von Neuerungen werden können – nicht, wenn ihnen „Neuerungen" von oben herab diktiert werden.

Eine andere Sicht von Innovation ergibt sich, wenn man die einzelne Lehrperson nicht nur in den Mittelpunkt eines *„top down"* angelegten Innovationsprozesses stellt, sondern wenn man sie selbst als Initiator und Garant für Innovationen in Schule und Unterricht sieht. An die Stelle einer „Lehrperson in Wartestellung" tritt eine Lehrperson, die in bewusster Reflexion des sozialen Systems Unterricht ihr Unterrichtsangebot innovativ steuert. Lehrer/-innen werden in Eigenverantwortung keine neuen Fachlehrpläne schreiben, aber sie können im Unterricht mit eigener Innovationskompetenz und -bereitschaft pädagogische und fachliche Freiräume nutzen, um dem Unterricht in einer 8. Klasse oder in einem Oberstufenkurs ein unverwechselbares Profil zu geben. Auf diese Weise kann es gelingen, Schülerinnen und Schüler für den Fachunterricht zu motivieren, Langeweile abzustellen und das Lehren und Lernen zu einer nachhaltigen Erfahrung zu machen. Innovation als Konzept und Innovation als Prozess (Cuq 2003, S. 131) bilden eine Synthese im Selbstverständnis und Handeln der Lehrperson.

### Merkmale der Innovation

Nach Hattie (2014) kann man dann von einer Innovation sprechen, „wenn eine Lehrperson eine bewusste Handlung unternimmt, um eine andere (nicht notwendigerweise neue) Lehrmethode, ein neues Curriculum oder eine neue Strategie einzuführen, die sich von dem unterscheidet, was sie aktuell verwendet" (ebda., S. 295).

Aus dieser Formulierung wird noch nicht deutlich, dass die Eigeninitiative beim Lehrer oder bei der Lehrerin liegt, er/sie sich also nicht nur aufgrund administrativer Vorgaben als „Innovator" oder „Innovatorin" betätigt. Und der Hinweis auf das Kriterium der „Neuigkeit" bzw. der „Aktualität" macht es notwendig, den Aspekt des Innovativen deutlich zu beschreiben.

In fachdidaktischen Diskussionen ist in den vergangenen Jahrzehnten immer wieder von „Umkehr", „Veränderung" und „Neuorientierung", sehr viel weniger von „Innovation" die Rede gemal" vermittelt wurden, abzuweichen und sie durch eigene innovative Handlungsweisen zu ersetzen oder – im Sinne einer Anpassungsinnovation – zu verändern?

Die Antwort auf diese berechtigte Frage kann nur sein, dass der Lehrer und die Lehrerin im Rahmen der Grenzen, die durch die gesetzlichen Grundlagen (Schulgesetz, Fachlehrplan, Kerncurricula) gegeben sind, über ein erhebliches Maß an Freiräumen verfügt, die er/sie in eigener Verantwortung ausfüllen kann. So wie der Unterricht während der Fahrschulzeit eine Grundausbildung für die Fahrpraxis vermittelt, so kann die Ausbildung in der begrenzten Zeit des Referendariats nur allgemeine Handlungsmuster für den Lehr-/Lern-Prozess anbieten. *Die Arbeit der Lehrperson bedarf im Unterricht mit jeglicher Lerngruppe der spezifischen Anpassung allgemeiner Handlungsmuster.*

**HINWEIS**
Lehrerhandeln kann (und muss) durch eigene Erfahrungen und in den gegebenen Freiräumen ausgefüllt werden. Schulrecht und gesetzliche Vorgaben sollten daher nicht einschränkend, sondern vor allem in ihrer Offenheit wahrgenommen werden.

In diesem Zusammenhang sind noch zwei Anmerkungen wichtig. In fast allen Publikationen zur Innovation wird immer wieder darauf verwiesen, dass Innovationen mit dem Risiko verbunden sind, fehlzuschlagen, also nicht die erwartete positive Wirkung nach sich zu ziehen. Diese Erfahrung darf aber nicht dazu führen, die eigenen Freiräume zu reduzieren und sich frustriert auf bewährte Handlungsmuster zurückzuziehen. Im Gegenteil. Nach Kelly gilt Folgendes: „Wenn Sie mehr Erfolg haben wollen, müssen Sie bereit sein, mehr Fehlversuche in Kauf zu nehmen." (Kelley/Kelley 2014, S. 59) *Die eigene Handlungskompetenz als Lehrperson kann nur durch eine vielfältige Praxis erweitert und vertieft werden.*

**Innovationsfähigkeit.** Viele Gespräche mit Lehrerinnen und Lehrern zu ihrem Unterricht zeigen, dass die zahlreichen Erfahrungen mit Lerngruppen zu zahlreichen interessanten Überlegungen und zu der Frage führen, wie man das Unterrichtsangebot anregender, spannender und somit insgesamt wirksamer gestalten könnte. Der Wille zur Innovation ist durchaus spürbar, aber es wird auch deutlich, dass viele Lehrpersonen zurückhaltend in der Umsetzung einer Innovation sind. Was früher oft unter der Überschrift „subjektive Theorien" abgehandelt wurde, wird heute mit dem Begriff der Lehrerkognitionen beschrieben. Und natürlich ist uns allen klar, dass ein guter Teil unserer Handlungsentscheidungen im Unterricht nicht nur auf der Grundlage neu angelernten Wissens in den erwähnten Bereichen getroffen wird, sondern dass eigene Denkmuster, Überzeugungen, Überlegungen und Erwartungen Einfluss auf den Entscheidungsprozess und das Handeln nehmen.

Für Dann (2000, S. 180) ist es deshalb wichtig, Lehranfängerinnen und -anfängern die Möglichkeit zu geben, „ihre Überzeugun-

# 4 Mit Zufriedenheit und Erfolg unterrichten

gen und Einstellungen sowie ihre Bilder über sich selbst als künftige Lehrkräfte zu explizieren und zu reflektieren", damit sie sich der kognitiven Basis ihres Handelns bewusst werden.

*Für die Umsetzung innovativer Handlungsoptionen kommt der Devise „Yes, I can!" eine entscheidende Bedeutung zu.* Für Schart (2014, S. 41) bedeutet professionelles Lehren „sich aus den Einengungen zu befreien, die sich aus Methoden, Lehrwerken oder Traditionen ergeben können, und die Gestaltungsspielräume der eigenen Praxis zu erkennen und zu nutzen". Diese Aussage deckt sich mit unserem Verständnis von Innovation. Aber um diese Option umzusetzen, bedarf es vor allem einer Selbstwirksamkeitskompetenz, denn „die persönliche Einschätzung eigener Handlungsmöglichkeiten ist [...] eine zentrale Komponente der Wahrnehmung von Selbstwirksamkeit" (Schwarzer/Warner 2014, S. 662). Die folgenden Forschungsbefunde sind nach Schwarzer/Warner (ebda.) bemerkenswert: Lehrer/-innen mit hoher Selbstwirksamkeit zeigen erstens ein *höheres Engagement* für Schülerinnen und Schüler außerhalb des Unterrichts, wenden zweitens häufiger *innovative Unterrichtstechniken* an und sind drittens besser in der Lage, *Lernprobleme* der Schülerinnen und Schüler zu *antizipieren*.

Selbstwirksamkeit, wie weiter oben in Kapitel 4.2 schon dargestellt, ist ein überaus bedeutender Persönlichkeitsfaktor, der dem Einzelnen immer wieder erlaubt, sich selbst in seiner Einstellung und seinem Handeln zu vergewissern. Und es ist natürlich ein Thema, das auch und gerade in die Ausbildung von Lehrerinnen und Lehrern gehört.

**Innovationsmanagement.** Lehr- und Lernmaterialien bilden – so Jürgen Oelkers – den „Kern der Qualitätssicherung, der nicht durch fliegende Kopien im Klassenzimmer ersetzt werden kann" (2009, S. 12). Die mit dieser Feststellung verbundene Aussage hat, die sich ändernden Umstände einbeziehend, in doppelter Hinsicht auch für die Diskussion zur Umsetzung von Innovationen ihre Berechtigung:
- Erstens kann es auch im Bereich der Innovation nicht darum gehen, mit einer gewissen Beliebigkeit, gleichsam einem spontanen Einfall folgend, eine Innovation in das Unterrichtsangebot einzuführen.
- Und zweitens ist es immer wichtig, dass die innovativen Ansätze insgesamt zu einem Unterrichtsprofil verbunden werden, das in sich stimmig ist.

Um diesen beiden Anforderungen gerecht zu werden, müssen Innovationen auch in ihrer Umsetzung bewusst geplant werden. In dem

> Eine klare Selbstwirksamkeitskompetenz begünstigt die Entwicklung und Umsetzung innovativer Handlungsoptionen.

## 4.6 Routinen und Innovation: Meine Ressourcen für Verlässlichkeit und gegen Langeweile im Unterricht

Zusammenhang ist es erstens nützlich, den Zeitpunkt der Umsetzung mit Bezug auf die eigene Person sowie die Lernenden zu reflektieren. Wenn ich mich selbst an einem Tag nicht wohlfühle, ist es möglicherweise wenig sinnvoll, eine Neuerung einzuführen. Und in der letzten Stunde vor einer Klassenarbeit in der Mittelstufe ist die Aufmerksamkeit der Schülerinnen und Schüler eher auf Inhalt der Arbeit gerichtet als auf eine methodische Neuerung der Lehrperson. Auch wenig zielführend ist es, in einer Stunde unmittelbar vor den Ferien eine innovative Handlungsstrategie einzusetzen, da eine Kontinuität in den Folgestunden durch die Ferien nicht gegeben ist.

Zweitens bietet es sich unter Umständen an, zu den markanten, das heißt profilgebenden Innovationen und ihrem Erfolg oder Misserfolg Buch zu führen im Sinne reflexiven Schreibens. Dieser Überblick kann nicht nur zur Stärkung des eigenen Selbstvertrauens führen, sondern die Zusammenstellung kann auch helfen, die Zeitstruktur zu dokumentieren und die jeweilige Innovation in ihrer Kohärenz mit anderen bereits getroffenen Maßnahmen abzugleichen. Das in der Startup-Welt sprichwörtlich gewordene „Fail early and fail often" (deutsch: „Scheitere früh und scheitere häufig") betont hier insbesondere, sich nicht von Misserfolgen abschrecken zu lassen, sondern Innovationen (und Fehler!) zuzulassen und daraus zu lernen.

**FALLBEISPIEL**

> „In der Zeit vor dem schriftlichen Abitur wurde ich von den Schülerinnen und Schülern des Kurses gebeten, doch noch einmal die wesentlichen Fehlerquellen in den Bereichen Rechtschreibung und Grammatik zu wiederholen. Sogar das verpönte Übungsdiktat fand auf Bitten der Lernenden wieder seinen Platz im Unterricht.
> Die Angst vieler Kursteilnehmerinnen und Kursteilnehmer, aufgrund einer hohen Fehlerzahl im Elementarbereich bei der Abiturklausur eher schwach abzuschneiden, war groß. Ich habe dann überlegt, welche Hilfe ich der Lerngruppe über die Übungsaufgaben hinaus anbieten könnte und kam dann auf folgende Idee. Ich suchte und fand in einem französischen Roman eine Textstelle von etwa 25 Zeilen Länge, die exemplarisch eine Vielzahl der grammatischen Schwierigkeiten verzeichnete, die immer wieder Fallen für die Schülerinnen und Schüler waren. Diese Textstelle wurde dann für die Lernenden kopiert und ausgeteilt. Wir haben die potenziellen Fehlerstellen besprochen, und ich habe dann angeregt, diesen Text auswendig zu lernen. Damit wurde der Hinweis verbunden: ‚Niemand kann Ihnen in der Abiturklausur verwehren, diesen auswendig gelernten Text oder einzelne Teile während der Klausur aufzuschreiben. Sie tun dies, wenn Sie unsicher sind und haben auf diese Weise einen korrekten Vergleichstext zu Ihren Strukturen, wenn Sie unsicher sind.'
> Abgesehen davon, dass die Lernenden erstmal zufrieden waren, eine konkrete Hilfe angeboten bekommen zu haben, zeigte sich bei der Korrektur, dass in der Tat der auswendig gelernte Text bzw. Teile daraus auf dem Schmierpapier aufgeschrieben und offensichtlich zum Vergleich bzw. bei der Korrektur benutzt wurden."

Abschließend soll noch einmal die Bedeutung von Innovationen für die Lehrperson betont werden. *Innovationsprozesse sind immer auch Lernprozesse.* Ein interaktiv angelegter Innovationsprozess hat das Ziel eines systematischen oder kreativen Suchens nach neuen Problemlösungen und stellt einen kontextabhängigen, konstruktiven und subjektiven Lernprozess dar (Bergmann/Daub 2008, S. 91 ff.).

## 4.7 Kreativität als Grundlage innovativen Handelns

Im Gespräch mit Lehramtsanwärterinnen und -anwärtern kann man immer wieder Äußerungen hören wie: „Zeichnen kann ich leider nicht", „Lauter sprechen kann ich nicht", „Singen in der Klasse traue ich mich überhaupt nicht, denn ich kann nicht singen" oder „Ich kann in so einer Situation einfach nicht ernst bleiben". Der gemeinsame Nenner dieser Aussagen ist, dass in sehr dezidierter Form Fähigkeiten in Abrede gestellt werden, ohne dass scheinbar ein persönlicher Wille zur Behebung des Defizits vorhanden ist. In einem Einzelgespräch gelingt es in der Regel, mit Hinweis auf die Bedeutung grundlegender Fähigkeiten in diesen Bereichen für einen abwechslungsreichen Unterricht, eine Bereitschaft zur Entwicklung von Fähigkeiten der eigenen Person auszulösen.

Oft kann man erleben, dass ein Hinweis auf Kreativität im facettenreichen Handlungsspektrum von Schule und Unterricht bei jungen Lehrerinnen und Lehrern auch eher auf Ablehnung nach dem Motto „Kann ich nicht" als auf Interesse für die Aneignung eines unverzichtbaren Faktors für die Konzeption innovativer Elemente im Lehrangebot führt, ganz zu schweigen von einer erfahrenen Lehrperson, die auf unseren Hinweis zur Kreativität ungläubig fragte: „Soll ich etwa im Unterricht den Clown machen?" Nein, Kreativität ist weder ein Privileg von Künstlern oder Zirkusartisten noch eine angeborene Gabe, die man hat oder auch nicht. *Kreativität ist eine Fähigkeit, die sich jeder erarbeiten und im Unterricht in Anwendung bringen kann.*

> Kreativität ist kein Privileg bestimmter Personen.

## 4.7 Kreativität als Grundlage innovativen Handelns

**EXKURS:** *Fixed mindset* und *growth mindset*

Im Zusammenhang mit dem Konzept der Selbstwirksamkeit (siehe Kapitel 4.3) wird der Begriff des Mindset zunehmend populärer. Die Psychologin Carol Dweck (2009) beschreibt Mindset (Selbstbild) als Einstellungen und Erwartungen zum eigenen Handeln und unterscheidet dabei grob zwei verschiedene „Selbstbilder":

- *fixed mindset:* Menschen, die über ein fixes (starres) Selbstbild verfügen, gehen davon aus, dass ihre Fähigkeiten (oder einzelne Fähigkeiten) durch vorbestimmte Faktoren gleichsam unveränderlich vorgegeben sind und gewisse Talente mehr oder weniger angeboren und damit nicht trainierbar seien. Sie neigen dazu, bezüglich bestimmter Fähigkeiten und Fertigkeiten Stellungnahmen zu äußern wie „Ich bin leider nicht kreativ".
- *growth mindset:* Menschen mit dieser auf Erweiterung und Wachstum ausgerichteten Denkweise gehen davon aus, dass Talente und Fähigkeiten entwickel- und ausbaubar, lernbar und verfeinerbar sind. Ein Erfolg in diesem Selbstbild wird daher nicht extern vorhandenen Umständen oder angeborenen Talenten zugeschrieben, sondern der eigenen Anstrengung, dem eigenen Lernen und Einsatz, ein bestimmtes Ziel zu erreichen.

Dweck geht davon aus, dass Talente, Fähigkeiten, Kreativität etc. nicht starr sind, sondern erlernbar und damit Annahmen eines *fixed mindset* hinderlich, wenn nicht sogar falsch sind. In zahlreichen Studien konnten sie und ihre Kolleginnen und Kollegen herausfinden, dass Menschen mit einem *growth mindset* erfolgreicher sowie kreativer waren und mit vorhandenen Strukturen offener und innovativer umgingen.

Das Vielversprechende an der (übrigens nicht gänzlich unumstrittenen) Idee des Mindset oder Selbstbildes: Die Öffnung zu einer förderlichen Einstellung im Sinne eines *growth mindset* hinsichtlich Lernen (und Lehren!), Innovation voranzutreiben und eigene Fähig- und Fertigkeiten zu entwickeln, lässt sich trainieren! Ein starres Selbstbild, auf das man im Bereich von Schule und Bildung dabei häufig treffen kann, ist die Annahme, dass es „gute Lehrerinnen und Lehrer" gebe, die von Geburt an Persönlichkeitsmerkmale in sich tragen, welche sie für die Arbeit mit Schülerinnen und Schüler qualifiziere. Autor und Lehrer David Didau (2015) stellt dem entgegen, dass er selbstverständlich vor einer ihm unbekannten, sozial schwierigen Klasse, die er in einem Fach unterrichten soll, das ihm nicht vollkommen geläufig ist, versagen werde. Gleichzeitig kann man aber auch nicht garantieren, dass der Unterricht inhaltlich und fachlich gut sei, nur aufgrund einer außerordentlich guten Beziehung zwischen Lernenden und Lehrkraft.

**ZUM WEITERLESEN**

- Didau, D. (2015): *What if everything you know about education was wrong?* Bancyfelin, Carmarthen: Crown House.
- Dweck, C. (2009): *Selbstbild: Wie unser Denken Erfolge oder Niederlagen bewirkt.* München/Berlin: Piper.
- Auf der Website von Carol Dweck kann man selbst überprüfen, ob man eher ein starres oder erweitertes Selbstbild aufweist: http://mindsetonline.com/testyourmindset/.

### 4.7.1 Grundlegende Merkmale

Schon die Beispiele zu innovativen Handlungsoptionen im vorigen Kapitel lassen deutlich die Verzahnung von Innovation und Kreativität erkennen. Wir definieren *Kreativität* als die Fähigkeit, die eigene Vorstellungskraft in Verbindung mit Selbstwirksamkeitsüberzeugung und pädagogischer Erfahrung zu nutzen, um eine innovative Handlung für den Unterricht zu entwickeln.

Die drei konstitutiven Elemente verdienen kurz erläutert zu werden. Wenn von „Vorstellungskraft" die Rede ist, bedeutet dies nicht, im Sessel zu sitzen und auf eine Eingebung (von wem auch immer) zu warten. Mit dem Begriff verbindet sich vielmehr eine Reflexivität, ein aktiver Denkprozess, der sich durch Multiperspektivität sowie den Rückbezug auf die kognitiven und nichtkognitiven Fähigkeiten auszeichnet (Caspari 2002, S. 17).

Eine Ausrede wie „Ich bin nun einmal nicht kreativ", die Ausdruck einer negativen Selbstwirksamkeitsüberzeugung, eines *fixed mindset* ist, gilt es zu ersetzen durch die Devise: „Ich habe Lust, kreative Ideen in Innovationen umzusetzen." Die Kreativitätsexperten und Brüder Tom und David Kelley (2014) vergleichen das Vertrauen in die eigene Kreativität mit einem Muskel: So wie er kann Kreativität als Persönlichkeitsmerkmal „durch Anstrengung und Erfahrung gestärkt und erweitert werden" (ebda., S. 19).

Die Bedeutung der eigenen Erfahrungen für die Kreativität wird immer wieder hervorgehoben. So muss man sich, wie Weisberg (1989) fordert, immer wieder „die Abhängigkeit des kreativen Handelns von vergangenen Erfahrungen und die allmähliche Entwicklung kreativer Reaktionen aus diesen Erfahrungen heraus" (ebda., S. 21) bewusst machen. In diesem Zusammenhang kommen wir auf die Anmerkung im ersten Kapitel zurück: *Je unterschiedlicher die Erfahrungsbereiche sind, aus denen sich die eigenen Erfahrungen speisen, desto vielfältiger sind die möglichen Ansatzpunkte und Auslöser für kreative Handlungen.*

### 4.7.2 Quellen für Kreativität

Im Anschluss an die grundlegenden Ausführungen zur Kreativität stellt sich die Frage, wie man denn konkret eine kreative Lösung für ein Problem finden kann. Gassmann und Friesicke (2012) nennen die folgenden vier Ansatzpunkte:
- Reflexion
- Datenkonfrontation

- Interaktion
- Kombination

Wir wollen diese Quellen für Kreativität an einem konkreten Beispiel in ihrer Bedeutung erläutern. Die Situation, für die wir eine kreative Lösung suchen, ist die Erstbegegnung mit einer neuen Klasse auf der Mittelstufe. Für die Lehrperson stellen sich die folgenden Fragen:
- „Wie stelle ich mich vor?"
- „Wie erreiche ich, dass die Schülerinnen und Schüler in dieser Vorstellungsphase aktiv werden?"
- „Wie kann es mir gelingen, das gegenseitige Kennenlernen mit einem ersten Einblick in das Leistungsniveau der Lernenden und einem Gefühl des Respekts und der Wertschätzung zu verbinden?"

In der Phase der *Reflexion* gehen immer wieder Handlungsmuster durch den Kopf, die in Schule und Ausbildung präsent waren. Diese Erfahrungen führten zu keinem Verhalten, das ideal erschien. Diese Einschätzung galt ebenso in Erinnerung an die freundliche Lehrerin, die ihren Namen an die Tafel schrieb und dann direkt einen Text verteilte (die Bücher wurden erst in der Folgestunde ausgeteilt) und die den Rest der Stunde laut, teilweise mit verteilten Rollen, lesen ließ, wie für den Lehrer, der die Stunde nutzte, um in fragwürdiger Selbstdarstellung von seinem Tunesien-Aufenthalt inklusive Wüstensafari während der Sommerferien zu erzählen. Und auch der Kollege, der im Klassenbuch die Schülerliste aufschlug und in alphabetischer Reihenfolge die Schüler aufrief und „witzige" Bemerkungen zu einzelnen Vornamen, Namen oder zu der Schülerin oder dem Schüler selbst machte. Nein, die oben genannten drei Zielsetzungen für die erste Begegnung mit der neuen Klasse, nämlich persönliche Vorstellung, Aktivierung der Schüler und das Erleben einer Lernkultur mit den Eckpfeilern Respekt und Wertschätzung gab es bei den ursprünglichen Vorbildern nicht.

Informationen zur Klasse gab es nicht, was eine erhebliche Einschränkung der Bedeutung der zweiten Quelle, nämlich der *Datenkonfrontation,* bedeutete. Mit diesem Begriff ist gemeint, dass man versucht, möglichst viele Informationen zusammenzutragen und zu analysieren. Die einzige verfügbare Information war die Klassengröße (24 Lernende, 14 Mädchen und 10 Jungen; 2 Schüler waren Wiederholer). Man hatte zudem Gelegenheit, sich mit dem Klassenraum vertraut zu machen. Ein Raum mit traditioneller Tafel, einem OHP und einer langen Leiste an einer Wandseite, die es erlaubte, Schülerarbeiten oder Plakate aufzuhängen.

Der Kollege, der die Klasse vorher unterrichtet hatte, gab bereitwillig Auskunft zum Verhalten und zur Leistung der Lerngruppe. Dieser Kontakt war eine Initiative unter dem Stichwort *Interaktion*. Dazu gehörte auch der Austausch mit anderen Kollegen, von denen man wusste, dass sie bezüglich der Begegnungssituation über eigene Erfahrungen verfügten und dass sie diese Situation als eine wichtige Instanz für die gemeinsame Arbeit von Lehrperson und Lerngruppe hielten. Verfahren wie zum Beispiel das wechselseitige Vorstellen der Tischnachbarn auf Lernendenseite, das Frage-Antwort-Spiel zwischen dem Unterrichtenden und den Schülerinnen und Schülern (von jeder Seite dürfen zehn Fragen gestellt werden) wurden offensichtlich von den Kolleginnen und Kollegen bereits praktiziert.

Die *Kombination aus Informationen und eigenen Reflexionen* ergab folgendes Verfahren: In einem Materialfundus fand sich ein großes Plakat, dessen Rückseite weiß war. Dieses Plakat wurde in der Begrüßungsstunde an die Tafel geklebt, sodass die Rückseite sichtbar war. Außerdem wurden drei Filzstifte in unterschiedlichen Farben mitgebracht. Die Lehrperson stellte sich mit ihrem Namen vor, schrieb ihn an und malte dazu einen Tennisschläger, um ihr Hobby zu symbolisieren. Anschließend wurde der Stift an einen Schüler oder eine Schülerin weitergegeben, der/die nach vorne kam, um etwas zu sich selbst (und seinem Hobby) zu sagen und dies auf dem Plakat festzuhalten.

Es war eine entspannte Stunde, in der jeder Lernende zu Worte kam und sich – im Sinne des Wortes – in den Unterricht einbringen konnte. Der so entstandene „Personalausweis" der Klasse wurde an der Wandseite an der Leiste angeheftet und begleitete den Unterricht über das ganze Schuljahr hindurch.

**HINWEIS**
Übertragen Sie die hier am Beispiel illustrierten Merkmale für Kreativität auf Ihre eigene Praxis.

### 4.7.3 Prinzipien kreativen Handelns

#### Das eigene Wissen als Motor für Kreativität nutzen

In vorherigen Kapiteln wurde wiederholt auf Dimensionen des Wissens eingegangen, verschiedene Wissensbestände, die für das Lehrerhandeln Bedeutung haben, wurden im Anschluss an Baumert/Kunter (2006) unterschieden.

Im Zusammenhang mit dem Plädoyer für Kreativität als Ausgangspunkt für Innovationen im Unterrichtsalltag gilt es, sich die folgenden beiden Szenarien bewusst zu machen. Im ersten Szenarium gibt uns unser Wissen eine solche Handlungssicherheit, dass wir gar keine Notwendigkeit sehen, uns auf neue, unkonventionelle Verfahren einzulassen. Eine solche Haltung wurde im Einzelfall durch positive Rückmeldungen aus Unterrichtsversuchen und Lehrproben während der Ausbildungszeit („Wenn Sie so weitermachen, werden Sie sicher eine gute Lehrerin/ein guter Lehrer!") noch gefördert. Die persönliche Innovationsbereitschaft bleibt in einem solchen Fall aus. Leider zeigen viele Beispiele, wie Lehrpersonen mit begrenzter Bereitschaft zur Veränderung im Verlauf ihrer Berufskarriere verbittern, sich einigeln und den Kontakt zur Realität des Unterrichts verlieren.

Das zweite Szenarium zeigt genau das Gegenteil. Die Wissensbestände sind nicht Hindernis, sondern Ausgangs- und Bezugspunkt für das aktive Bearbeiten eigener Entwicklungsaufgaben in der beruflichen Praxis (vgl. Kapitel 3.6). Die Lehrperson hat die Einsicht aus der Ausbildungszeit mitgenommen, dass seine Wissensbestände der weiteren Vertiefung und Ergänzung durch spezifische Handlungsoperationen im Unterricht bedürfen. Eine solche Einstellung ist der Schlüssel für erfolgreiche Arbeit in den Bereichen „Innovation" und „Kreativität".

> Die tägliche Unterrichtspraxis bedarf des Zusammenspiels von erfahrungsgeleitetem Handeln und neuen Zugängen.

### Sich auf Perspektivwechsel einlassen

Den Fundus der eigenen Wissensbestände als Chance für Veränderungen und Innovationen zu sehen, diese Einstellung festigt sich umso mehr, je bereitwilliger man sich auf Perspektivwechsel oder ein „laterales Denken" (De Bono 2009) einlässt. Was ist damit gemeint?

Lehrer/-innen organisieren, realisieren und beurteilen ihre Tätigkeit – verständlicherweise – aus der Perspektive ihrer eigenen Person: *„Ich muss das Stundenangebot mit Blick auf den Fachlehrplan erfolgreich planen. Ich muss eine Klassenarbeit entwerfen. Ich muss überzeugend am Elternabend das Fach sowie meine Ideen und Prinzipien formulieren."*

Perspektivwechsel bedeutet, *seine eigene Tätigkeit und die damit verbundenen Entscheidungsprozesse einmal aus der Sicht der „Betroffenen", also zum Beispiel der Schülerinnen und Schüler oder der Eltern zu sehen.* Eine wichtige Voraussetzung dafür ist Empathie, also ein Einfühlungsvermögen in die Situation der Menschen, mit denen man zu tun hat.

Ein Perspektivwechsel beispielhaft für eine 1. Stunde an einem Montagmorgen für eine Mittelstufenklasse führt – laut gedacht – zu folgenden (hypothetischen) Schüleräußerungen:
- „Englisch/Mathe/Musik/Biologie ... in der 1. Stunde. Nervig. Ich bin total müde."

- „Ich muss mich auf die Deutsch-Klassenarbeit, die in der 3. Stunde geschrieben wird, konzentrieren und darf mich nicht in der 1. Stunde verausgaben."
- „Zur Erledigung der Hausaufgabe aus der letzten Stunde hatte ich nicht viel Zeit. Hoffentlich komme ich nicht dran."
- „Ich habe keinen Bock mitzumachen. Sollen sich doch die ‚Spitzenleute' Peter und Miriam beteiligen."

Dieser Blick aus der Lernendenperspektive lässt es erstens angebracht erscheinen, die Stunde eher als Wiederholungs- oder Festigungsstunde zu planen, und nicht unbedingt als Stunde, um einen neuen Lektionsteil einzuführen. Zweitens kann ich mich als Lehrperson fragen, ob es möglich ist, in der Stunde eine thematische Brücke zum Gegenstand der Klassenarbeit im Fach Deutsch zu schlagen, für Englisch etwa in der Richtung: „Let's try to discuss the challenge you will face today in your German class!"

Auch beim Beispiel des Elternabends lautet die Devise, vom Menschen aus zu denken. Welches könnten die Gedanken und Erwartungen der Eltern für diesen Abend sein?

- „Ich bin einmal gespannt, wie die neue Lehrerin auftritt. Miriam sagt, sie sei ganz nett."
- „Hoffentlich machen sich einige nicht so wichtig."
- „Ich hoffe, wir sind zur ‚Tagesschau' wieder zu Hause."
- „Herr P. ist ja noch jung. Viel Erfahrung hat der sicher nicht. Ich möchte einmal wissen, wo er bisher unterrichtet hat."
- „Ich fürchte, es gibt wieder diese Besserwisser, die sich wichtig tun und die als Elternvertreter in die Fachkonferenz gewählt werden wollen."

Unsicherheit gemischt mit Neugier auf Elternseite sind die beiden Elemente, die sich herauskristallisieren, wenn man sich in die Situation der Eltern hineinversetzt. Angesichts dieser Herausforderung wäre es ein möglicher innovativer Ansatz, in einem ersten Schritt das Kennenlernen der Eltern zu initiieren, bevor man sich selbst mit seiner Person und seinem Programm vorstellt.

Beide Beispiele verdeutlichen, wie es über Perspektivwechsel möglich ist, Bedürfnisse der Menschen zu erahnen und zu antizipieren, denen man begegnet. *Perspektivwechsel erhöht die Gelingenswahrscheinlichkeit kreativer Ansätze bei innovativen Handlungen.*

### Bekanntes neu entdecken

Kreativität speist sich auch aus einem *Ausbrechen aus bekannten Wahrnehmungsmustern*. Dieser Grundsatz gilt nicht nur für die

Wahrnehmung von Personen. Er kann vielmehr auch für die alltäglichen Gegenstände mit und in denen man sich bewegt, von Bedeutung sein, wie das Praxisbeispiel in Reflexionsaufgabe 4.14 zeigt.

**REFLEXIONSAUFGABE 4.14**

> **Praxisbeispiel: Kreativer Umgang mit Bekanntem**
> Wenn man als Lehrerin oder als Lehrer den Unterrichtsraum zum ersten Mal betritt, eröffnet sich das bekannte Bild. Man nimmt aufmerksam die Tischordnung wahr, den Ort der Tafel, des Pultes. Und man schaut nach den Steckdosen für den eigenen Laptop sowie nach einer möglichen Projektionsfläche. Wenn man diesen routinierten Blick hinter sich lässt, dann entdeckt man noch einen Kartenständer, einen grauen Mülleimer aus Hartplastik und eine leicht schmuddelige Wand mit einer Holzleiste, an der Schülerarbeiten oder Plakate befestigt werden können.
> Insbesondere der Kartenständer und der graue Mülleimer wurden für die Französischstunden umfunktioniert. Bei den französischen Verben bildet die sich anschließende Präposition (entweder *de* oder *à* wie bei se *souvenir de* oder *réfléchir à*) eine besondere Schwierigkeit. Um ein ständiges korrigierendes Eingreifen zu vermeiden, wurde der Papierkorb Platzhalter für Verben mit der Präposition *de*. Dies bot sich an, weil Abfälle im Französischen als *les déchets* bezeichnet werden. Der Kartenständer auf der anderen Seite des Klassenraums wurde zum Erinnerungsort für Verbkonstruktionen mit *à*. Eine so gefällige Erklärung für die Zuordnung dieser Präposition, wie sie sich bei dem Mülleimer anbot, konnte nicht gefunden werden, aber das System funktionierte und entlastete die Unterrichtsinteraktion erheblich. Es bedurfte nur eines Zeigens auf den Referenzgegenstand, und der Schüler korrigierte seine Äußerung.
>
> Wie könnte sich die Idee der „Verortung" von Fachinhalten wie im Praxisbeispiel lernstrategisch in Ihrem Fach umsetzen lassen?

### Perfektionist sein: Ja, aber vielleicht nicht immer …

Nicht nur, aber gerade auch in der Zeit des Referendariats lernen junge Lehramtsanwärterinnen und -anwärter, Unterricht perfekt zu planen: Die Fragen an die Klasse haben nach langer Überlegung eine überzeugende Formulierung gefunden, das Tafelbild ist sauber geplant, die Zeilen des als Kopie auszuteilenden Textausschnitts sind nummeriert. In Gedanken weiß man schon, welche Schülerinnen und Schüler man in der Auswertungsphase aufrufen wird. Und natürlich ist die Stunde minutiös in der Abfolge der methodischen Schritte strukturiert. Alles ist perfekt geplant, so, wie es eben in der Realität der Ausbildungsphase gefordert wird.

*Die Realität des Unterrichts führt dann oft zu Herausforderungen, die nicht mit Perfektionismus zu bewältigen sind.* Die Stunde ist gut vorbereitet, aber fast die Hälfte der Klasse ist wegen einer Chorprobe abwesend. Was nun? In der ohnehin undankbaren 6. Stunde sollte ein kurzer Lektionsabschnitt mit einigen unbekannten Vokabeln eingeführt werden. Aber die Jungen aus der Klasse haben in der vorhergehenden Sportstunde einen 1.000-Meter-Lauf absolvieren müssen und sitzen der Lehrperson verschwitzt und ein wenig abwesend gegenüber.

Dies sind Situationen, in denen Perfektionismus nicht weiterhilft. Und dennoch: Manchmal kommt die Lehrkraft in das Lehrerzimmer zurück und berichtet erfreut: „Es lief ganz anders als geplant, aber es war prima!"

Unterricht gelingt auch anders als perfekt geplant, und diese Erfahrung ist wichtig, um selbst Mut zu bekommen für kreative Handlungsansätze.

### „I did it my way ..."

Das Gespräch, der Gedankenaustausch mit Kolleginnen und Kollegen sind wichtige Instanzen, um ein Feedback zu den eigenen kreativen Ideen und Plänen zu erhalten. Die Voraussetzung dafür ist aber, dass man sich selbst in seinem grundsätzlichen Selbstwertgefühl und seiner Selbstwirksamkeitskompetenz nicht erschüttern lässt.

Diese Gefahr ist im Lehrerzimmer nicht zu unterschätzen. Die Frage des älteren Kollegen, der in einer Parallelklasse Englisch unterrichtet, an den Studienreferendar, bei welcher Lektion er denn im Lehrbuch sei, und die leicht verächtliche Reaktion „Was, weiter sind Sie noch nicht?" kann schon destabilisierende Folgen haben.

> Unterrichtliches Handeln entzieht sich weitgehend dem wertenden Vergleich unter Kollegen.

*Nein, jeglicher Vergleich von Handlungserfahrungen und Handlungsoptionen ist im pädagogischen Kontext eher fraglich.* Und „worauf es ankommt, ist nicht der Wert, den andere Ihrem Beruf beimessen, sondern darauf, wie Sie ihn selbst sehen" (Kelley/Kelley 2014, S. 187).

Und so geht es bei dem Gespräch mit Kolleginnen und Kollegen zu eigenen Innovationen auch nur darum, Meinungen und Anregungen einzuholen, die eventuell bedenkenswert sind. Den Mut für eine Innovation darf man sich durch andere nicht nehmen lassen. *Die Selbstwirksamkeitskompetenz sowie die Lust zur Innovation gründen auch auf einem Optimismus, der einen – trotz aller Höhen und Tiefen – im Beruf begleitet.*

Das Durchhalten im Alltag mit dieser Einstellung ist nicht immer einfach, zumal man nicht erwarten darf, dass positive Rückmeldungen für das eigene Engagement und einen innovativen Unterricht unmittelbar am Stundenende gegeben werden. Auch in dieser Hinsicht ist das Arbeiten als Lehrer/-in ein Arbeiten auf Zeit. Die Rückmeldung erhält man manchmal erst nach Jahren, wenn man einem Schüler aus einer „alten" Klasse begegnet, der einem freudig erzählt, wie gern man doch Unterricht bei einem gehabt habe ...

## 4.7 Kreativität als Grundlage innovativen Handelns

**ZUM WEITERLESEN**

- Kelly, D./Kelly, T. (2014): *Kreativität und Selbstvertrauen. Der Schlüssel zu ihrem Kreativbewusstsein.* Mainz: Hermann Schmidt.
- De Bono, E. (2009): *De Bonos neue Denkschule: Kreativer Denken, effektiver arbeiten, mehr erreichen.* Landsberg/München: mvg.

# 5 Schritt für Schritt: Durchhalten im Alltag und bei neuen Herausforderungen

REFLEXIONSAUFGABE 5.1

> Es war der Anruf einer Mutter, der das Fass zum Überlaufen brachte. Das jahrelange Engagement der Lehrerin war zwar schon erschüttert, weil ihr immer stärker bewusst wurde, wie es auf der einen Seite zunehmend schwieriger wurde, mit Kindern im Unterricht zu arbeiten, für die das aufmerksame Zuhören und Stillsitzen eine wirkliche Herausforderung bedeutete. Und wie auf der anderen Seite methodische Verfahren, die sich über die Jahre bewährt hatten, nun öfter von einzelnen Eltern kritisiert wurden.
> 
> Nun kam aber dieser Anruf der Mutter eines Mädchens in der 3. Klasse, die sich wie folgt äußerte: Sie fände es geradezu empörend, dass die Lehrerin noch „Türmchen" in der Stunde rechnen lasse. In einer Fernsehzeitschrift habe sie gelesen, dass dieses Verfahren doch überholt und geradezu schädlich für die Kinder sei.
> 
> Nach 14 Tagen frustrationsbedingter Krankschreibung als „Auszeit" kam dann der Entschluss, den Beruf aufzugeben und die verbleibenden 6 Jahre bis zur offiziellen Pensionierung mit dem von ihr und ihrem Mann angesparten Geld zu überbrücken.
> 
> Können Sie sich in die Situation der Lehrerin hineinversetzen? Welche anderen Reaktionen wären aus Ihrer Sicht möglich und sinnvoll(-er) gewesen?

## Durchhalten im Alltag

Schon in Kapitel 4.2 des Buches wurden drei Phasen des Berufslebens als Lehrer/-in skizziert, die in ganz unterschiedlicher Weise mit Herausforderungen an die Person verbunden sind. Gerade wenn man nun bedenkt, dass die Zeitspanne der Berufstätigkeit ca. 40 Jahre beträgt, in denen man sich – ausgenommen die Wochenenden und die Zeiten der Schulferien – in aller Regel täglich in einem *„face to face"*-Kontakt mit jüngeren Menschen (Schülerinnen und Schülern) sowie weiteren jüngeren, gleichaltrigen oder älteren Menschen (Kolleginnen und Kollegen, Eltern der Schülerinnen und Schüler) auseinandersetzt, wird deutlich, welche physische und psychische Belastung mit dem Beruf als Lehrer/-in verbunden ist. Und dabei sind die eigentlichen Aufgaben der Wissensvermittlung sowie der Erziehung noch gar nicht mit berücksichtigt.

„Durchhalten im Alltag":
- Diese Devise bedeutet für die *jungen Kolleginnen und Kollegen*, trotz möglicherweise noch vorhandener persönlichkeitsbezogener und professioneller Unsicherheiten sich nicht ent-

mutigen zu lassen, sondern möglichst zügig eine Sicherheit im Umgang mit Schülerinnen und Schülern zu gewinnen und positive Lernerfolge zu bewirken.
- Für die *erfahreneren Kolleginnen und Kollegen* ist die Devise so zu verstehen, dass die routinierten Handlungsabläufe im Unterricht durch innovative Verfahren abgelöst oder ergänzt werden, die zwar nicht immer gelingen und den gewünschten Erfolg haben, die aber die Innovationsbereitschaft nicht schmälern und zum „Dranbleiben" ermutigen.
- Für die *Kolleginnen und Kollegen, die schon ihr (vorgezogenes) Pensionsalter im Blick haben,* bedeutet „Durchhalten", sich einem mühsamen und manchmal frustrierenden Alltag zu stellen, ohne physisch oder psychisch Schaden zu nehmen.

Unabhängig von der jeweiligen Phase, in der man sich als Lehrer/-in befindet, liegen die Gründe für die erhebliche berufliche Beanspruchung einerseits in der *Persönlichkeit der Lehrperson*, andererseits im *spezifischen Tätigkeitsbereich*.

Wenn wir wenig tun können, um das Arbeitsumfeld zu beeinflussen, so liegt es an uns, uns selbst, unsere Persönlichkeit stark zu machen, um im Verlauf der beruflichen Karriere zufrieden und erfolgreich zu sein. Das im Folgenden wiederholt als Konzept aufgegriffene „Durchhalten" ist im positiven Sinne als „Dranbleiben" zu verstehen: Das Arbeiten an der eigenen Person, die Besinnung auf ein attraktives Lernangebot sowie das Bewusstsein, dass die Begegnung mit jungen Menschen eine Chance für einen selbst ist, sind entscheidende Einsichten, die helfen durchzuhalten und neuen Herausforderungen offen gegenüberzustehen. Dies führt letztlich zu einem überzeugten, zufriedenen und erfolgreichen (Selbst-)Konzept als Lehrperson.

> Im Beruf durchhalten: das gelingt mit einem klaren Selbstkonzept.

## Durchhalten bei neuen Herausforderungen

**REFLEXIONSAUFGABE 5.2**

Bevor Sie weiterlesen: Was bedeutet der Begriff „Herausforderung" für Sie? Was verbinden Sie damit?
Notieren Sie eine eigene Definition.

Im Kontext von Schule geht es natürlicherweise primär um unterrichtliche, schulische und auch lehrerpersönlichkeitsbezogene Herausforderungen, die Sie möglicherweise in Ihrer eigenen Definition von „Herausforderung" berücksichtigt haben. Dabei lohnt sich zur Definition des Begriffs auch ein Blick in einen aktuellen Duden. Dieser definiert ihn wie folgt:

1. Aufforderung zum Kampf
   1. (Sport) das Herausfordern
   2. (Sport) Kampf, bei dem ein Herausforderer mit einem Sportler um einen Titel kämpft
2. Provokation
3. Anlass, tätig zu werden; Aufgabe, die einen fordert

(Bibliographisches Institut/Duden Online 2016)

Interessanterweise sind die beiden ersten Begriffsbeschreibungen in der Tendenz eher negativ konnotiert: „Herausforderung" wird mit Kämpfen oder einer Provokation in Verbindung gebracht, es bleibt einem gewissermaßen kaum die Gelegenheit, sich diesem (negativen) Einfluss zu entziehen. Die dritte Definition erscheint positiver, man muss „tätig werden", man stelle sich einer „Aufgabe, die einen fordert". Im Grunde genommen finden sich alle Beschreibungen in verschiedener Ausprägung im Alltag des Lehrerberufs wieder: Herausforderungen können provozieren, zum Handeln animieren, den Status quo in Frage stellen und den Alltag als Lehrer/-in neu gestalten und beleben.

Wenn die grundlegende Arbeit an der eigenen Person selbstverständlich wird, die positive Einstellung zum eigenen Beruf gefestigt ist, sind Herausforderungen nicht mehr negativ konnotiert: Die Lehrkraft begegnet den Herausforderungen – egal, welcher Art sie sind – offen und nutzt sie für die eigene Entwicklung, sucht Veränderung und Innovation möglicherweise aktiv, um das eigene Handeln zu stärken.

## 5.1 Schritt 1: Ich arbeite an meiner Identität

**FALLBEISPIEL**

> Wir machen die Erfahrung täglich. Beim Einkaufen fällt einem an der Kasse das müde Gesicht der Kassiererin auf und noch beim Weg nach Hause fragt man sich, was mit ihr los ist. Beim Eintritt in das Bürgerbüro des Rathauses grüßt ein junger Mitarbeiter. Sein Händedruck ist merkwürdig weich. Das blaue Oberhemd mit den Ankermotiven ist witzig. Als ich mein Anliegen vortrage, merke ich, wie sich seine Stirn in Falten legt und sich seine Augenbrauen zusammenziehen. Ich schiebe schnell noch eine weitere Einzelheit nach, um den Verlust meines Reisepasses zu beschreiben. Und als man abends in einer Talkshow das bekannte Gesangstalent aus DSDS sieht, fällt einem das viel zu knallige Rot der Lippen auf. Und während der Sendung überlege ich noch, ob die Farbe vielleicht auf eine Entscheidung der Maskenbildnerin zurückgeht oder ob die Akteurin selber die Wahl getroffen hat.

In allen im Fallbeispiel geschilderten Fällen wird deutlich, dass man nicht nur die verbale Information wahrnimmt, sondern dass man auch ein Patchwork von visuellen Eindrücken aufnimmt und diese zu einem Bild des Gegenübers synthetisieren. Wir sind immer versucht, zu einem Urteil der Identität der Person zu kommen, der wir gegenüberstehen oder -sitzen.

So selbstverständlich und gut nachvollziehbar dieser Prozess der Fremdwahrnehmung für jeden von uns ist, so unsicher oder abwehrend reagieren wir in Situationen, in denen es darum geht, Aussagen zu unserer Selbstwahrnehmung zu formulieren.

Dieses ist aus folgenden Gründen verständlich:
- Wir kommen nur selten in eine solche Situation.
- Wir brauchen ein positives Selbstbild und wollen nicht Gefahr laufen, uns selber zu verunsichern.
- Uns fehlt die Distanz, um zu einem Urteil über uns selbst zu kommen.
- Uns fehlt das Wissen, Wirkungen und Wahrnehmungen, die unser Aussehen und unser Handeln auslösen, zu beschreiben.

**REFLEXIONSAUFGABE 5.3**

> Jeder von uns hat bestimmte äußerliche körperliche Merkmale, vielleicht bestimmte Gerüche (Parfum und Ähnliches) und Schmuck- oder Kleidungsstücke, die unverwechselbar zur eigenen Identität gehören. Schreiben Sie für Ihre Person auf, welches diese Kennzeichen sind.

Die in Reflexionsaufgabe 5.3 zu findende Übung zur Selbstwahrnehmung unseres äußeren Erscheinungsbildes ist vermutlich immer auch mit Zweifeln verbunden, die etwa so formuliert werden können: „Ist meine Vorliebe für große Ohrringe eigentlich so wichtig?" – „Fällt einer anderen Person wirklich meine kleine Nase auf?" – „Ich weiß gar nicht, ob meine teure Armbanduhr überhaupt von anderen wahrgenommen wird."

Das eigene Selbstbild wird also immer auch in Verbindung gebracht mit der Fremdwahrnehmung durch andere. Die Gefahr, die sich daraus ergibt, ist, dass der Prozess der Selbstanalyse unscharf wird. Aber dieser erste Schritt der Selbsterkennung ist wichtig, um sich seiner eigenen Identität bewusst zu werden.

Ein Blick auf ältere Fotos zeigt, wie wir uns äußerlich im Laufe der Zeit verändern. *Es ist also sinnvoll, sich in zeitlichen Abständen selbst zu fragen, ob, und wenn ja, wie man sich verändert hat,* bevor man ganz überrascht auf die vergleichende Karikatur in der Abiturzeitung unter dem Titel „Herr J.: gestern und heute" reagiert.

Durchhalten im Alltag geht besser, wenn man sich seiner persönlichen Identität bewusst ist.

### Selbstvertrauen, Selbstwertgefühl und Selbstbewusstsein
Manche Leserin, mancher Leser wird möglicherweise nicht bereit sein, den äußeren Dingen eine besondere Bedeutung im Kontext von Selbst- und Fremdwahrnehmung beizumessen.

Vermutlich ist es hilfreich, an dieser Stelle den Begriff der *Wertschätzung* einzuführen. Lehrer/-innen beklagen häufig, dass sie eine zu geringe Wertschätzung durch Dritte erfahren, angefangen vom Arbeitgeber, über die Schulleitung und die Eltern bis hin zu den Schülerinnen und Schülern. Diese Klage, die im Verlauf der Dienstzeit zunehmend häufiger in Kollegien zu hören ist, kann man auf der einen Seite verstehen: Das Beförderungssystem ist wenig attraktiv, Prämien für besondere Leistungen werden nicht (wie teilweise in anderen Ländern) gezahlt, und eine erste Anerkennung des Arbeitgebers, verbunden mit einer zu versteuernden Geldzuwendung, erfolgt in der Regel erst zum 25-jährigen Dienstjubiläum.

Aber die Suche nach der „Wertschätzung" durch andere – so verständlich sie auf den ersten Blick erscheint – ist eine gefährliche und kurzlebige Spur. Sie kann dazu führen, seine soziale Identität, also die eigene Persönlichkeit und sein Handeln so auszurichten, dass die persönliche Identität zugunsten der Anerkennung durch Dritte aufgeweicht bzw. aufgegeben wird.

Aber die Absicht, für ein Durchhalten auf dem Wege der permanenten Erwartung auf positive Reaktionen eine andere Rolle zu spielen, die sich nicht mit der eigenen Person deckt, ist in aller Regel eine Sackgasse, weil Dritte schnell die mangelnde Authentizität spüren.

> Wertschätzung der eigenen Person ist eine unverzichtbare Voraussetzung für positives pädagogisches Handeln.

So erging es einer jungen Lehrerin in Ausbildung, die als Quereinsteigerin vorher den Beruf einer Stewardess ausgeübt hatte. Sie war gegenüber den Schülerinnen und Schülern freundlich und geduldig. Richtige und selbst falsche Schülerantworten lösten immer ein freundliches, jedoch zuweilen unpersönliches, automatisiertes Lächeln aus, das man von Flugbegleiterinnen und Flugbegleitern kennt und erwartet. Die Schülerinnen und Schüler der Mittelstufenklasse nahmen diese mimische Rückmeldung etwa drei Wochen positiv auf. Dann konnte man als Beobachter aber durch einzelne abwertende und teilweise verletzende Bemerkungen von Lernendenseite feststellen, dass das Lächeln als nicht echt wahrgenommen wurde.

*Das Konzept der „Wertschätzung" sollte also bei der eigenen Person anfangen.* Und in dieser Perspektive kommt der bewussten reflektierten Auseinandersetzung mit den Gewohnheiten, dem Erscheinungsbild sowie der Einstellung zur eigenen Person für das Durchhalten im Schulalltag eine Schlüsselfunktion zu.

Lehrer/-innen brauchen in ihrer langen Dienstzeit eine Ich-Stärke. Das meint ein Selbstbewusstsein, das auf zwei Fundamenten ruht, nämlich auf einem Selbstwertgefühl einerseits und einem Selbstvertrauen andererseits.

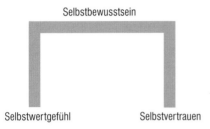

Fundamente des Selbstbewusstseins

„Selbstwertgefühl" bezeichnet die Art und Weise, wie wir uns selbst sehen. Wichtig ist ein positives Selbstwertgefühl, das Gefühle der Minderwertigkeit („Ich habe nur Pech im Leben", „Mir glückt gar nichts", „Ich sehe blöde aus") keinen Platz gibt. Während man in bestimmten Phasen des Lebens vielleicht wenig Probleme hat, ein positives Selbstwertgefühl zu entwickeln, kann es in anderen Phasen zu Einbrüchen kommen, die dann entsprechende Probleme beim Durchhalten nach sich ziehen. Deshalb kommt der (frühen) Selbstdiagnose auch in einem präventiven Sinne eine wichtige Rolle zu. Das „In-sich-Hineinhorchen" ist unentbehrlich, um sich selbst seines Selbstwertgefühls zu versichern und gegebenenfalls die eigene „Batterie" durch ein mentales Training wieder aufzuladen.

„Selbstvertrauen" speist sich aus der Überzeugung, personale und professionelle Kompetenzen zu besitzen, die es ermöglichen, in der Schule Herausforderungen des Alltags erfolgreich zu meistern. Konkret bedeutet dies, dass man sich sicher fühlt, sowohl erzieherisch als auch fachlich erwartbare und nicht vorhersehbare Situationen zu bewältigen. Die ständige Konfrontation mit neuen Situationen im pädagogischen Kontext einerseits und die reflektierte Auseinandersetzung mit neuen pädagogischen sowie fachdidaktischen Ansätzen bieten andererseits eine geeignete Grundlage für eine Stärkung des Selbstvertrauens.

Beide Dimensionen zusammen führen zu einem selbstbewussten Auftreten und Handeln, Grundvoraussetzungen für eine authentische persönliche und soziale Identität.

# 5 Schritt für Schritt: Durchhalten im Alltag und bei neuen Herausforderungen

**REFLEXIONSAUFGABE 5.4**

Die junge Referendarin und die Schülerinnen und Schüler begrüßten sich freundlich zu Beginn der Stunde in der 3. Klasse einer Grundschule. Danach forderte die Lehrerin die 23 Schülerinnen und Schüler auf, einen Sitzkreis zu bilden. Tische und Stühle wurden also zur Seite geschoben und dann begann Frau L., ein großes Kinderbuch Seite für Seite aufzuschlagen und dazu eine kleine Geschichte zu erzählen. Einzelne Schülerinnen und Schüler schauten interessiert auf die Illustrationen, während die Lernenden, die rechts und links von Frau L. saßen, kaum diese Hilfe wahrnehmen konnten.
Bei der anschließenden Stundenbesprechung wurde auch diese Benachteiligung einzelner Schülerinnen und Schüler angesprochen. Und auf die Frage, warum sie denn diese Sozialform gewählt habe, antwortete die Lehrerin: „Wissen Sie, am Anfang der Stunde bin ich immer noch ein wenig unsicher und da brauche ich die Nähe der Schülerinnen und Schüler."

Liegt das Problem der Referendarin im Bereich ihrer persönlichen oder ihrer sozialen Identität? Wie bewerten Sie die Begründung der Referendarin für ihr Verhalten?

## Angst und Zweifel

In einem Lehrerzimmer wird in den Pausen oder Freistunden über viele Ereignisse und Erfahrungen in und außerhalb der Schule gesprochen. Aber Angst? Wer spricht schon darüber? Doch gibt es die Gefühle von Zweifel und Angst in bestimmten Situationen auch auf der Seite der Lehrer/-innen trotz eines positiven Selbstbewusstseins. Und vielleicht ist es ja in dem vorigen Beispiel auch ein starkes Gefühl der Unsicherheit oder der Angst, das das Verhalten der jungen Lehrerin verständlich macht.

**REFLEXIONSAUFGABE 5.5**

Kreuzen Sie an, welche der folgenden Situationen bei Ihnen schon einmal Angstgefühle ausgelöst haben. Versuchen Sie, den Grund oder die Gründe dafür zu beschreiben.

- ☐ Leitung einer Elternversammlung
- ☐ Rückgabe einer Klassenarbeit
- ☐ Einführung eines wenig motivierenden Unterrichtsthemas
- ☐ Arbeit mit einer undisziplinierten Klasse
- ☐ Antworten auf schwierige Schülerfragen
- ☐ Pausenaufsicht
- ☐ Elterngespräch
- ☐ Übernahme einer Vertretungsstunde

*Angst im Kontext der Schule kann sowohl zeitlich nach vorne gerichtet als auch in einer aktuellen Situation auftreten.* Zwei Beispiele:
- Bei der häuslichen Korrektur einer Klassenarbeit stellt man fest, dass eine Aufgabe unverständlich gestellt war, was zu zahlreichen Fehlern aufseiten der Lernenden geführt hat. Die

Rückgabe der Arbeit in einer der nächsten Stunden wird möglicherweise zu Protesten der Schülerinnen und Schüler führen. Diese Erwartung löst Angstgefühle aus.
- Am Ende des Unterrichts in einer 6. Stunde erfolgt das Stellen der Hausaufgaben. Ganz unerwartet protestieren die Schülerinnen und Schüler über das Hausaufgabenpensum, da sie sich auf eine Klausur in einem anderen Fach vorbereiten müssten. Einzelne aus der Lerngruppe versuchen, die Klasse zu verlassen, es entsteht ein völlig ungeordnetes Stundenende.

Diese beiden Beispiele aus der Praxis erlauben, sich bewusst zu machen, wo die Gründe für vorhandene Angstgefühle liegen, nämlich in einem befürchteten Image- und Autoritätsverlust oder vor einem professionellen Versagen in unerwarteten Situationen. Beide Dimensionen sind nicht immer eindeutig zu trennen.

Selbstvertrauen, Selbstwertgefühl und Selbstbewusstsein sind sicherlich unverzichtbare Grundlagen für eine Reduzierung oder eine Überwindung von Angstgefühlen im schulischen Alltag. Aber diese Persönlichkeitsdispositionen allein sind ebenso wenig ein Allheilmittel wie die Einnahme von Tabletten oder der Griff zu anderen Suchtmitteln. Und auch der vielfach gewählte Weg, sich auf ein unterrichtliches Handeln zurückzuziehen, das durch die Anwendung bewährter Routinen gekennzeichnet ist, bietet keine Garantie, destabilisierende Momente ausschließen zu können.

Die tägliche Arbeit in einem Umfeld, dessen Kennzeichen vor allem immer wieder wechselnde und nicht vorhersehbare Situationen im Kontakt mit jungen Menschen, Kollegen und Eltern sind, kann nur erfolgreich gemeistert werden, wenn man einerseits diese Vielfalt als gegeben anerkennt und wenn man andererseits ein Selbstvertrauen in die eigene Person hat, zu dem manchmal Zweifel und Angst als bedeutsame „Mitspieler" gehören. Genau diese Zweifel und Ängste können als „Mitspieler" auch kreative Bearbeitungsprozesse auslösen, wenn T. S. Eliot (gendersprachlich wohl nicht mehr ganz politisch korrekt) das Sprichwort zugeschrieben wird: „Angst ist das Dienstmädchen der Kreativität." Die Angst auslösenden Grenzen des Lehrerberufs und der Institution Schule laden ein, diese Umstände kreativ auf der Grundlage der eigenen Persönlichkeit zu bearbeiten.

> Zweifel an der eigenen Arbeit sind normal und können Ausgangspunkt für neue Handlungsoptionen sein.

**REFLEXIONSAUFGABE 5.6**

In welcher Schule möchten Sie lieber arbeiten und wirken:
- in einer Schule, in der durch Vorgaben Grenzen abgesteckt sind sowohl für Lernende als auch Lehrkräfte?
- in einer Schule, in der jede und jeder vollkommen frei Entscheidungen über Lernen und Lehren treffen kann?

## 5.2 Schritt 2: Ich setze mir klare Ziele für meine berufliche Tätigkeit

Der folgende Gesprächsauszug stammt aus einem Gespräch im Lehrerzimmer zwischen einem älteren Kollegen und einem jungen Kollegen, der gerade neu an das städtische Gymnasium versetzt worden war. Der neu am Ort eingetroffene Lehrer hatte verständlicherweise zahlreiche Fragen zu der Schule und zur städtischen Bevölkerung, die der erfahrene Kollege geduldig beantwortete. Er beschloss das Gespräch mit dem Hinweis, der wohl als guter Rat gemeint war: „Warten Sie einmal ab. Nach einem Jahr oder spätestens zwei Jahren werden Sie in der Stadt eine Institution sein."

Die Lehrperson eine „Institution"? Vermutlich wollte der Kollege damit zum Ausdruck bringen, dass das Handeln des Lehrers in der Schule immer auch seinen Widerhall in der Öffentlichkeit findet, natürlich bei Eltern der Schülerinnen und Schüler, aber auch bei deren Bekannten und Freunden. Die Mathematik- oder Religionslehrerin wird – wie etwa der Arzt oder der Physiotherapeut, den jeder kennt, zu einem Gesprächsthema. Ihr Verhalten im Unterricht („Könnte manchmal strenger sein"), methodische Verfahren („Die lässt ja viel auswendig lernen") oder ihr fachlicher Anspruch („Der gibt ja viel zu gute Noten") werden also kritisch verfolgt.

Es ist vielleicht weniger diese Diskussion in der Öffentlichkeit als vielmehr die Notwendigkeit, ein kohärentes und authentisches Konzept für sein eigenes unterrichtliches Handeln zu entwickeln und ständig auf den Prüfstand zu stellen, die die Frage nach den eigenen fachlichen Handlungsmaximen und erzieherischen Werten in den Vordergrund rückt.

*„Was will ich eigentlich als Lehrperson fachlich erreichen?"*, ist eine der Fragen, die man sich nicht nur am Anfang der Karriere stellt, sondern auf die man im weiteren Verlauf der beruflichen Karriere immer neu eine Antwort finden muss. Und eine weitere Frage lautet: *„Welches sind für mich die ethischen Werte und Prinzipien, die als Alleinstellungsmerkmal meinen Unterricht auszeichnen?"* Die Antworten auf diese beiden Fragen sind wichtig für ein gelingendes „Durchhalten" über die Jahre hinweg.

Zu beiden Fragen findet man als Lehrperson keine Antworten in den administrativen Vorgaben. Und sehr oft sind dies Themen, die allgemein in der Ausbildung thematisiert werden, aber ohne dass die individuelle Auseinandersetzung im Vordergrund steht.

Die ganz persönliche Analyse der eigenen Handlungsmaximen ist ein wichtiges Element, um sich selbst in der Planung und Durchführung jeder Einzelstunde zu vergewissern, ob es eine Kohärenz zwischen den eigenen Prinzipien und der eigenen Unterrichtspraxis gibt.

Zu dieser Überlegung gehört aber auch, dass es mit der Zeit durchaus zu Veränderungen in den Merkmalen kommen kann, die man einmal für sich als Orientierung formuliert hat. Dieses ist verständlich, vermutlich Ausdruck einer Entwicklung, in die persönliche Veränderungen und eigene Praxiserfahrungen einfließen. Ein solcher Prozess ist deshalb nicht in jedem Fall negativ zu bewerten.

**REFLEXIONSAUFGABE 5.7**

Kreuzen Sie aus der nachfolgenden Liste die Aussagen an, mit denen Sie sich in Ihrer Tätigkeit als Lehrerin oder als Lehrer identifizieren können.
Entwerfen Sie das eigene berufliche Selbstverständnis.

- [ ] Ich brauche die Aufmerksamkeit aller Lernenden, um gut unterrichten zu können.
- [ ] Lieber weniger reden und mehr die Schülerinnen und Schüler zu Wort kommen lassen.
- [ ] Ich will auf jeden Fall unerwartete Situationen in der Stunde ausschließen.
- [ ] Am Ende jeder Stunde muss ich das Gefühl haben, dass die Schülerinnen und Schüler etwas gelernt haben.
- [ ] Eine entspannte Unterrichtsatmosphäre birgt die Gefahr der Unaufmerksamkeit.
- [ ] Ich habe immer alle Schülerinnen und Schüler im Blick.
- [ ] „Positives Lernklima" ist ein schöner Begriff, der für die Bewältigung der täglichen Unterrichtsrealität aber wenig bringt.
- [ ] Wenn ich nicht in der Klasse bin, rasten die Schülerinnen und Schüler aus.
- [ ] In welchem Klassenraum ich unterrichte, hat keine große Bedeutung.
- [ ] Ich halte es für wichtig, dass die Schülerinnen und Schüler die Stundenziele kennen.
- [ ] Die Arbeit mit dem Lehrbuch steht im Vordergrund meines Unterrichts.
- [ ] Kritik von Schülerinnen und Schülern an meiner Person lasse ich nicht zu.

Die in Reflexionsaufgabe 5.7 verzeichneten Statements lassen sich den in der Abbildung (S. 100) gezeigten drei Dimensionen zuordnen, die miteinander verbunden sind. Die fachliche Dimension umfasst alle Fragen, die das Fach und die fachliche Orientierung des Unterrichts betreffen. Dazu gehören zum Beispiel persönliche Überzeugungen zur Bedeutung des Lehrbuches, zu Überlegungen der Stoffverteilung auf die Einzelstunde und das Schuljahr, zur Verteilung der Klassenarbeiten in den Schulhalbjahren, zu den Formen der punktuellen oder fortlaufenden Überprüfung des Wissens- bzw. Kompetenzzuwachses der Schülerinnen und Schüler und zur Setzung einzelner Themenschwerpunkte.

Die zweite, erzieherische Dimension betrifft zum Beispiel Antworten auf die Fragen, welche Ansprüche man an die Mitarbeit der

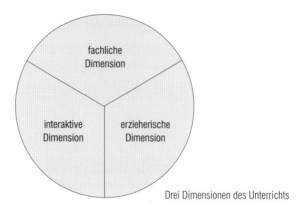

Drei Dimensionen des Unterrichts

> Die erzieherische Dimension ist eine ständige Variable im Interaktionsprozess zwischen der Lehrperson und den Lernenden.

Schülerinnen und Schüler, an ihr Verhalten im Unterricht, an die Heftführung oder an die Hausaufgabenbearbeitung hat und welche Mittel der Durchsetzung der Prinzipien man selbst anwenden will. Eine wichtige Entscheidung ist hinsichtlich der Frage zu treffen, welche Einstellung man gegenüber sehr schwachen oder sehr guten Schülerinnen und Schülern hat oder mit welcher Überzeugung man ein Prinzip wie das der „Inklusion" vertritt.

Die Bedeutung der interaktiven Dimension wurde schon mehrfach angesprochen. Die Überlegungen, die man sich als Lehrkraft stellen muss, betreffen zum Beispiel die Art der Ansprache der Schülerinnen und Schüler auf einer Skala von „kühl-reserviert" bis „freundlich", das Reagieren auf abweichendes Verhalten mit den Polen „streng" bis „locker" oder auch das Verständnis der eigenen Rolle, die auf einer Skala von „dominant", „autoritär" bis hin zu „kooperativ" und „unterstützend" zu definieren ist.

Die Erstbegegnung mit der Lerngruppe sowie der erste Elternabend bieten der Lehrperson eine gute Möglichkeit, ihr Berufsbild zu kommunizieren und transparent zu machen.

Es ist nicht nur wichtig, ein solches individuelles Berufsbild einmal zu erarbeiten. Schülergenerationen ändern sich und auch das Bild von Schule als Teil der Gesellschaft unterliegt Veränderungen in der Zeit. *Voraussetzung für ein Durchhalten und Behaupten im Beruf bedeutet auch, sich in seiner Einstellung und seinem Verhalten diese Veränderungen kritisch aufzunehmen, anstatt nostalgisch vergangenen Zeiten nachzutrauern.*

### Beispiel: Arbeit mit Sanktionen

Das Bild einer Lehrkraft wird sowohl bei den direkt Beteiligten, also den Schülerinnen und den Schülern, als auch bei Außenstehenden, zum Beispiel den Eltern, davon bestimmt, in welchen Situationen und in welchem Ausmaß ein abweichendes Verhalten sanktioniert, das heißt bestraft wird.

Das Abschreiben während einer Klassenarbeit, das nicht erlaubte Telefonieren mit dem Handy im Unterricht, Streit zwischen Lernenden, laute abfällige Bemerkungen gegenüber Mitschülerinnen oder Mitschülern, diese und andere Situationen des Alltags verlangen eine Intervention der Lehrkraft. Junge Lehrerinnen und Lehrer suchen vergeblich nach Vorgaben des Dienstherrn, um ihr Handeln zu orientieren. Rücksprachen mit Kolleginnen und Kollegen schwanken – je nach der Situation zwischen Hinweisen wie: „Nur nichts durchgehen lassen. Gleich Eintrag ins Klassenbuch!" bis zu „Ich habe da ein Punktesystem. Wer sich dreimal danebenbenimmt, der ‚darf' ein Gedicht auswendig lernen."

Natürlich kann man nicht sagen, dass die eine Bestrafung gut ist und die andere schlecht. Entscheidend sind immer die Ursache für die Bestrafung sowie die klare Einsicht, dass mit einer Bestrafung kein Rachegefühl verbunden sein darf. *Auch Sanktionen erfolgen mit einer erzieherischen Absicht.*

Auch wenn man nicht alle Situationen voraussehen kann, so ist doch wichtig, dass man sich als Lehrkraft grundsätzlich überlegt, über welches Repertoire an Sanktionen man verfügen will, um sich nicht der folgenden Situation auszusetzen: Ein Schüler redet trotz mehrmaliger Ermahnung weiter mit seinem Tischnachbarn. Daraufhin unterbricht die Lehrerin den Unterricht und sagt ihm: „Tom, wenn du jetzt noch weiter mit Niklas redest, dann ..." Darauf Tom grinsend: „Dann, ja was dann?" Darauf wusste die Lehrerin keine Antwort außer: „Du kommst zu mir nach der Stunde."

**ZUM WEITERLESEN**

Eichhorn, Ch. (2008): *Classroom-Management: Wie Lehrer, Eltern und Schüler guten Unterricht gestalten.* Stuttgart: Klett-Cotta.

## 5.3 Schritt 3: Ich trenne zwischen beruflicher Tätigkeit und privatem Leben

Die Berufstätigkeit der Lehrerin oder des Lehrers wird in der Öffentlichkeit oft verkürzt mit den Merkmalen „Ferien" und „Halbtagsarbeit" assoziiert. Das Parken des Wohnmobils auf dem Parkplatz der Schule am letzten Schultag vor den Ferien oder das Korrigieren von Schulheften im ICE unter den Augen der Mitreisenden sind Verhaltensweisen, die vermutlich einem stereotypen Verständnis des Lehrerberufes Vorschub leisten.

Übersehen wird in der Öffentlichkeit in der Regel das Problem, dass Lehrer/-innen stärker als Personen in vielen anderen Berufen Gefahr laufen, Unterricht und Schule rund um die Uhr im Kopf zu haben. Der Gedanke an die Vorbereitung einer Unterrichtseinheit, Überlegungen, wie man eine relativ undisziplinierte Lerngruppe wieder motivieren kann, die gedankliche Arbeit an der Gestaltung der kommenden Klassenarbeit oder an der Formulierung eines Elternbriefes, das Erinnern daran, das Geldeinsammeln für die ausgeteilten Arbeitshefte nicht zu vergessen, diese und viele andere mit der Komplexität des Berufs verbundenen Aufgaben können die Lehrperson zermürben und gleichzeitig ihre nähere Umgebung nerven. Erfahrungen zeigen auch, dass Einladungen an Personen, die Lehrende sind, mit dem Hinweis verbunden werden: „Wir wollen aber nicht über Schule sprechen."

Vergleichbar der Wasserfarbe eines Aquarells zieht sich das Thema Schule und Unterricht durch alle sonstigen Aktivitäten des Alltags und zermürbt den Einzelnen und unter Umständen die Familie.

*Durchhalten im Lehrerberuf kann in solchen Fällen nur heißen, sich bewusst zu machen, dass es Zeitfenster im Tages- oder Wochenablauf geben muss, in denen andere Personen und Aktivitäten die Priorität besitzen.* Für persönliche Zufriedenheit und Erfolg im Beruf ist es sinnvoll, Zeiten für die Verfolgung eigener Hobbys und das vom Beruf unbelastete Zusammensein mit Anderen vorzusehen.

**REFLEXIONSAUFGABE 5.8**

Schon während die Zeugniskonferenzen zum Ende des Schuljahres liefen, kursierten im Lehrerzimmer erste Gerüchte bezüglich der Klassenverteilung im neuen Schuljahr nach den Sommerferien.
Auf einmal trat Herr N. erregt ins Klassenzimmer, ging auf seinen Referendar zu, den er als Mentor betreute, und sagte mit erboster Stimme: „Meine 8. Klasse kriegen Sie nicht. Das ist meine Klasse. Die lasse ich mir nicht wegnehmen." Der Referendar schaute perplex und unschuldig zugleich. Es stellte sich heraus, dass die Schulleitung die Entscheidung getroffen hatte, nach zwei Jahren einen Fachlehrerwechsel vorzunehmen und die Klasse dem Referendar mit eigenverantwortlichem Unterricht zuzuteilen.

Wie beurteilen Sie die Reaktion des Fachlehrers? Welches Bild ergibt sich aus seinem Verhalten für seine Persönlichkeit und für das Lehrer-Schüler-Verhältnis?

**ZUM WEITERLESEN**

Knoblauch, J./Wöltje, H./Hauser, M. B./Kimmich, M./Lachmann, S. (2015): *Zeitmanagement*. 3. Aufl. Freiburg: Haufe.

## 5.4 Schritt 4: Ich schaffe für mich und die Schülerinnen und Schüler ein positives Lernklima

Lernen in der Schule erfolgt – ungeachtet aller methodischen Variation – auf der Grundlage einer Interaktion zwischen Lehrperson und dem Schüler/der Schülerin. Während die Lernenden in der Regel die Chance haben, nach zwei Jahren die Fachlehrkraft zu wechseln, stellt sich die Unterrichtstätigkeit der Lehrperson als ein Kontinuum dar. Zwar wechseln die Lerngruppen, aber die Themen des Faches wiederholen sich in regelmäßigen Abständen, die Arbeit der Aufbereitung des Lernangebots und die täglichen Herausforderungen von Vermittlung und Korrektur werden mit der Zeit als Belastung empfunden.

Und doch bietet jede Neubegegnung mit einer Klasse für die Lehrerin und den Lehrer die Chance einer Neuorientierung der eigenen Unterrichtsprinzipien. Das Bewusstsein, neue und andere Schwerpunkte in der Stundenplanung und -durchführung setzen zu können, und auch in der Interaktion mit den Schülerinnen und Schülern eingefahrene Gleise zu verlassen, bietet ein nicht zu unterschätzendes Potenzial, um im Alltag „dranzubleiben".

### Gegenseitiger Respekt und Wertschätzung

Eine Klasse neu zu übernehmen bedeutet, sich ein Bild von den Jungen und Mädchen zu machen: Ihre Namen zu lernen, mögliche Charaktereigenschaften zu erkennen, vielleicht auch einen Einblick in ihre Hobbys zu erhalten. All dies hat erst einmal noch keinen Bezug zu dem Unterrichtsfach, sondern an erster Stelle steht das Kind oder der Jugendliche als Individuum.

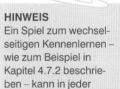

**HINWEIS**
Ein Spiel zum wechselseitigen Kennenlernen – wie zum Beispiel in Kapitel 4.7.2 beschrieben – kann in jeder Klassenstufe diese erste Kontaktaufnahme fördern.

Die Ansprache der Lernenden spielt eine entscheidende Rolle für die Setzung eines Interaktionsniveaus zwischen der Lehrkraft und den Schülerinnen und Schülern. Grundsätzlich sind vonseiten der Lehrperson nur solche Äußerungen akzeptabel, die auch von den Schülerinnen und Schülern gegenüber der Lehrperson benutzt werden können (Prinzip der Reziprozität).

Mündliche Rückmeldungen an die Schülerinnen und Schüler bezüglich der sprachlichen Korrektheit oder der inhaltlichen Dimension ihrer Äußerung bilden eine wichtige Instanz, um Lernende in ihrer Bereitschaft zu (weiterer) Mitarbeit und in ihrem Selbstwertgefühl zu stärken. Durchhalten für den Lehrer oder die Lehrerin bedeutet, über ein Repertoire von differenzierten Rückmeldungen zu verfügen, auf das in Kenntnis der Persönlichkeit des Einzelschülers/der Einzelschülerin und mit Blick auf die formale/inhaltliche Qualität der Äußerung zurückgegriffen wird.

# 5 Schritt für Schritt: Durchhalten im Alltag und bei neuen Herausforderungen

**REFLEXIONSAUFGABE 5.9**

Stellen Sie in der nachfolgenden Tabelle 8 positive und 8 negative Rückmeldungen für eine Schüleräußerung zusammen. Ordnen Sie den Grad Ihrer Äußerungen von sehr positiv/sehr negativ (8) bis gerade noch akzeptabel/nicht zufriedenstellend (1).

| | Positive Rückmeldung | Negative Rückmeldung |
|---|---|---|
| 8 | | |
| 7 | | |
| 6 | | |
| 5 | | |
| 4 | | |
| 3 | | |
| 2 | | |
| 1 | | |

## Transparenz in Planung und Entscheidung

Gespräche im Kreis von Kolleginnen und Kollegen lassen immer wieder deutlich erkennen, wie unterschiedlich offen man sich zu eigenen Handlungspraktiken äußert. „Sich in die eigenen Karten sehen lassen" – dies wird eher vermieden, was insbesondere für die Zusammenarbeit innerhalb eines Faches nicht unproblematisch sein kann. Eltern und Schülerinnen und Schüler haben dann Schwierigkeiten, über die anerkannte Individualität jeder Lehrperson hinaus das verbindende Profil des Faches zu erkennen.

An zwei Beispielen soll die Bedeutung sinnvoller Transparenz in Planung und Entscheidung für ein Durchhalten in der Berufspraxis illustriert werden.

Wir gehen davon aus, dass jede Kollegin und jeder Kollege den Verlauf einer Einzelstunde plant. In vielen Fächern bildet das Lehrwerk eine Grundlage für die inhaltliche Orientierung, sodass vorwiegend der methodische Zugang einer besonderen Überlegung bedarf.

Der Blick über die Einzelstunde hinaus führt zur Planung von Unterrichtseinheiten, die dann in der Regel durch eine Lernstandskontrolle in Form einer Klassenarbeit abgeschlossen werden.

Diese so einfach klingende Struktur ist für „Insider" selbstverständlich, für Eltern und manchmal auch für Schülerinnen und Schüler ist sie es nicht. Und deshalb erscheint es sinnvoll, zum Beispiel bei der Übernahme einer neuen Klasse und eines Kurses oder auf einem Elternabend diese Strukturierung des Unterrichts mit eindeutigem Hinweis auf die Anzahl sowie die Formen der Leistungsüberprüfung vorzustellen und transparent zu machen.

## 5.4 Schritt 4: Ich schaffe für mich und die Schülerinnen und Schüler ein positives Lernklima

Für die Lehrperson, die in der Regel mit mehreren Lerngruppen arbeitet, bietet selbst diese Grobstrukturierung eine Orientierung im Arbeitsablauf. Die „Veröffentlichung" dieser Planung schafft wechselseitiges Vertrauen und gibt der Lehrperson eine Sicherheit in der täglichen Arbeit.

**REFLEXIONSAUFGABE 5.10**

> Ein Elternteil ruft den Klassenlehrer einer 6. Klasse an und schildert folgenden Vorgang: Der Deutschlehrer habe eine Klassenarbeit geschrieben. Dabei sei er aber folgendermaßen vorgegangen: In der ersten Viertelstunde habe er als Klassenarbeit Nr. 7 ein Diktat schreiben lassen. Danach habe er die Schülerinnen und Schüler aufgefordert, im Klassenarbeitsheft eine Seite umzuschlagen und dann Klassenarbeit Nr. 8 als Überschrift zu setzen. Danach habe er einen Grammatiktest ausgeteilt, der dann im Rest der Stunde zu bearbeiten gewesen sei. Die Frage des Elternteils war, ob ein solches Vorgehen, gleichsam 2 Klassenarbeiten in einer Stunde schreiben zu lassen, zulässig sei.
>
> Wie erklären und beurteilen Sie dieses Verfahren des Deutschlehrers?
> Welche Antwort geben Sie dem Elternteil?
> Welche weiteren Schritte unternehmen Sie?

Gerade bei Klassenarbeiten und Klausuren spielt die Frage der Transparenz eine nicht unerhebliche Rolle, insbesondere mit Blick auf die Korrektur und Bewertung. Zwei Positionen kann man unterscheiden:
- Es gibt Kolleginnen und Kollegen, die es strikt ablehnen, vor oder zum Zeitpunkt der Leistungsüberprüfung Kriterien für die Bewertung oder Benotung zusammen mit den Aufgaben anzugeben. Ihr Argument: Ich weiß noch nicht, wie die Arbeit ausfällt, sodass ich mir die Möglichkeit offenhalte, je nach dem Ausfall der Klassenarbeit meinen Bewertungs- bzw. Benotungsschlüssel anzupassen.
- Andere Kolleginnen und Kollegen lehnen diese Position strikt ab. Sie argumentieren in der Weise, dass in ihren Augen die Information zur Bewertung und Benotung nicht nur für die Schülerinnen und Schüler eine wichtige Information bei der Aufgabenbearbeitung darstellt, sondern dass sie damit über eine sichere Grundlage für die anschließende Korrekturarbeit verfügen. Eine Anpassung der Benotung an eine nicht erwartete Schülerleistung kommt für sie nicht infrage.

Jede Rückgabe von benoteten Klassenarbeiten und Klausuren ist immer mit Aufregung sowie kritischen Äußerungen auf Schülerseite verbunden. Und Lehrer/-innen spüren ebenfalls die Belastung dieser Augenblicke in ihrem gesamten Berufsleben. Das „Durchhalten" gestaltet sich insgesamt leichter, wenn man sich zu einer Offenheit in den Entscheidungen zur Benotung und Bewertung bekennt, die auf der soliden Vorarbeit im laufenden Unterricht beruht.

**REFLEXIONSAUFGABE 5.11**

Wägen Sie das Pro und Kontra dieser beiden Postionen für die Motivation der Schülerinnen und Schüler sowie für das Verständnis der Eltern ab.

**ZUM WEITERLESEN**

Prior, M./Winkler, H. (2014): MiniMax für Lehrer: *16 Kommunikationsstrategien mit maximaler Wirkung.* Weinheim: Beltz.

## 5.5 Schritt 5: Ich arbeite mit einer positiven Fehlerkultur

Eine Klasse, in der Schülerinnen und Schüler keine Fehler machen, ist eine Utopie. Aber wäre dies ein wünschenswerter Zustand? Lehrer/-innen beklagen oft, dass sie durch die ständigen Korrekturen von vor allem schriftlichen Arbeiten frustriert seien.

Dieses Selbstverständnis als permanente Sucher nach Fehlern führt im Verlauf einer langen Berufskarriere zu einer psychologischen Ermüdung und zu einer Distanzierung von den Lernenden. Eine solche, die eigene Persönlichkeit zermürbende Sicht auf das Phänomen Fehler beruht auf zwei zweifelhaften Prämissen:

- Auf dem eigenen Anspruch, Perfektion als Maßstab des Lernerfolgs zu setzen.
- Fehler durchweg als negatives Resultat der Leistung eines Schülers und einer Schülerin zu bewerten.

Für ein Durchhalten im Lehrerberuf ist in beiden Punkten ein Perspektivwechsel hilfreich.

„Wenn man mit Zahlen umgeht, müssen die Zahlen stimmen." Dieser Ausspruch des Mathematiklehrers, mit der er Rechenfehler jeglicher Art in einer Klassenarbeit einer 8. Klasse kommentierte, verdeutlicht, wie ein simples Verständnis von „Perfektion" im Unterricht zur Geltung kommt, und auf der Seite der Lehrperson, wie auf der Seite der Lernenden Frustration auslösen kann.

Die Lehrperson verengt die eigene Sicht auf das gute Lernergebnis eines Schülers oder einer Schülerin. Sie fühlt sich genervt durch diejenigen Lernenden, die Fehler machen. Das Gefühl, mit wenigen guten Lernenden, aber in der Mehrzahl mit jungen Menschen arbeiten zu müssen, die nicht verstehen wollen oder können, führt zu einer Einschränkung des persönlichen Engagements gegenüber einer Lerngruppe.

Was vielleicht als Aufforderung zum konzentrierten Arbeiten gedacht ist, ist zugleich ein schwacher und wenig hilfreicher Hinweis an die Schülerinnen und Schüler. Denn erstens wird nur die oberflächliche Korrektheit einer Rechnung gefordert. Eine den Lernprozess fördernde Rückmeldung erfolgt nicht.

Eine positive Fehlerkultur beurteilt *Fehler als ein notwendiges Durchgangsstadium in einem Lernprozess.* Da Fehler in den meisten Fällen nicht einfach Zeugnisse von Gedankenlosigkeit sind, bilden sie eine nützliche Quelle, um auf nicht zutreffende Hypothesen bei der Aufgabenlösung zu stoßen. Dieser Vorgang ermöglicht sowohl, eigene Unklarheiten und Schwächen bei der eigenen Erklärung des Sachverhalts in der Klasse zu erkennen, die durch ein „Ich hoffe, das hat jetzt jeder verstanden!" abgeschlossen wurde, als auch mögliche Irrwege der Schülerinnen und Schüler aufzudecken.

**REFLEXIONSAUFGABE 5.12**

„Intelligenz, Kreativität und Innovation versiegen, wenn man den Menschen verbietet, Fehler zu machen […] Gute Fehler sind nützliche Fehler […] Schlecht sind Fehler, wenn sie nicht zum Lernen oder zur Entdeckung führen und besser vermieden würden." (Gigerenzer 2013, S. 66 ff.)

Überlegen Sie nach Lektüre des obigen Zitates für Ihr Fach/Ihre Fächer, wie die Unterscheidung von Fehlern in „schlechte Fehler" und „gute Fehler" hilfreich sein kann.

## 5.6 Schritt 6: Ich schaffe für mich und die Lernenden einen guten Ausgleich zwischen Routine und Abwechslung

Fächer, in denen die Arbeit im Verlauf eines Schuljahres durch die Bearbeitung eines Lehrbuches sequenziert wird, verleiten oft zu einem Unterricht, in dem die routinierte Stoffdurchnahme sowohl auf der Seite der Unterrichtenden als auch aufseiten der Lernenden schlicht monoton und langweilig wird.

So positiv die Routinen für die Strukturierung und Ökonomie des Lehr- und Lernprozesses sind, so negativ können ihre Auswirkungen für die Beteiligten sein. Lehrer/-innen bedürfen eines besonderen Enthusiasmus, um Inhaltskapitel oder Lektionen des eingeführten Lehrwerks, die schon drei- oder viermal Grundlage des Vermittlungsprozesses waren, erneut motivierend selbst zu präsentieren oder für die Erarbeitung durch die Lerngruppe aufzubereiten.

Schülerinnen und Schüler erleben die Unterrichtsinhalte in aller Regel einmal. Aber wenn der methodische Rahmen der Bearbeitung von einem Thema zum anderen sich immer wieder identisch gestaltet, dann ist eine gesteigerte Aufmerksamkeit nicht zu erwarten.

Für die Lehrperson und für die Lernenden sind deshalb Phasen der Abwechslung sinnvoll, die den Energievorrat für das Durchhalten aller Beteiligten wieder auffüllen. Dabei geht es nicht darum, die fachliche Dimension fallenzulassen. Gedacht wird vielmehr an Initiativen, die eine fachlich gebundene Aktivität in einem neuen Kontext aufnehmen. Dazu die folgenden Beispiele:
- Nach der Besprechung der Merkmale einer Novelle und der Lektüre einer Novelle von Theodor Fontane wird im Fach Deutsch ein Schaufenster der örtlichen Buchhandlung oder eine Leseecke in der Bücherei zum Thema „Novelle" gestaltet.
- Im Fach Sport wird eine Gruppe aus dem Kindergarten eingeladen, um mit den Kleinen Weitsprung zu üben.
- Im Fach Biologie wird eine Umfrage unter den Oberstufenschülern zur Erkennung heimischer Pflanzen durchgeführt, ausgewertet und auf Schaubildern veröffentlicht.

Die Reihe der Aktivitäten ließe sich für jedes Fach beliebig ausweiten. Weniger als die bunten Abbildungen in den Lehrwerken sind es diese und andere Aktivitäten, die das Interesse am Fach sowie die Interaktion zwischen Lehrenden und Lernenden stärken und die den Lehr-/Lernprozess zu einer nachhaltigen positiven Erfahrung werden lassen.

**REFLEXIONSAUFGABE 5.13**

Die 6. Stunde an einem heißen Sommertag ist immer eine Herausforderung für die Unterrichtenden und ein Horror für die Lerngruppe. Schon auf dem Gang ins Klassenzimmer werden Sie von Schülern angesprochen, die fragen, ob man den Unterricht nicht nach draußen verlegen könne.

Wie reagieren Sie?

## 5.7 Schritt 7: Ich kann mit Lob und Kritik, Ablehnung und Akzeptanz umgehen

Wer als Lehrkraft in der Schule tätig ist, weiß, dass man täglich einem Wechselbad von Lob, Kritik, Akzeptanz und Ablehnung ausgesetzt ist. Das Aushalten der Urteile ist ermüdend, zumal sie in unterschiedlicher Form zum Ausdruck kommen, teils widersprüchlich sind und zudem noch aus dem Munde von Personen kommen, deren Absicht und Interessenlage sehr unterschiedlich ist. Der vielfach geäußerte Kollegenratschlag bei negativer Kritik: „Das muss man einfach wegstecken", ist vermutlich keine Regel, die für sich allein ein gesundes Durchhalten in der Berufskarriere garantiert.

**Kritik von Schülerinnen und Schülern**

Kritik von Schülerinnen und Schülern kann medial über Facebook und Twitter und auch persönlich erfolgen. Äußerungen zu Lehrerinnen und Lehrern in den sozialen Medien, vor allem, wenn sie anonym in die Öffentlichkeit gebracht werden, sind in jedem Fall unangenehm. Eine Rezeption dieser Tweets und Postings ist kaum möglich und auch nicht sinnvoll.

> Schüler/-innen äußern sich auf unterschiedliche Weise zum Unterricht.

Äußerungen „face to face" sollten hingegen immer ein offenes Ohr finden, auch wenn sie manchmal banal erscheinen. In ihnen manifestiert sich ein Interesse an der Person der Lehrerin oder des Lehrers, und sie sind verbunden mit der Erwartung, dass man sich dazu äußert. Genau hinhören sollte man, wenn Schülerinnen und Schüler zu Inhalten des Unterrichts, zu methodischen Fragen oder zum Beispiel zum Schwierigkeitsgrad der Bearbeitung der Hausaufgabe Stellung nehmen. Auch wenn Fragen der Gerechtigkeit im Zusammenhang mit einer Zensurengebung von Lernenden angesprochen werden, darf man sich als Lehrkraft, die sich der Transparenz in den Entscheidungen als Element der erzieherischen Werte verschrieben hat, *einer Stellungnahme nicht entziehen.*

Grundsätzliche Ablehnung einer Klasse ist ebenso selten wie eine uneingeschränkt positive Haltung aller Schülerinnen und Schüler. Und hier liegt ein Problem in der Interaktion: Es gilt immer, sich klar zu machen, inwieweit die positive oder negative Rückmeldung eines einzelnen Schülers oder einer Schülerin Ausdruck eines Mehrheitsvotums darstellt.

Natürlich ist es immer angenehm(-er), wenn das pädagogische Handeln positive Reaktionen bei Schülerinnen und Schülern hervorruft. *Aber diese Erwartung kann keine Orientierung für den Unterricht und die in ihm gestellten Forderungen an Leistung und Verhalten darstellen.* Wenn von jüngeren Lehrpersonen und älteren

Lehrer/-innen in diesen Punkten Zugeständnisse gemacht werden, bleibt die positive Rückmeldung in den meisten Fällen eine kurzfristige Reaktion, die häufig mit einem Autoritätsverlust der Lehrkraft verbunden ist.

**Kritik von Eltern**

Auf einem Elternabend einer 8. Klasse meldet sich eine junge Frau und setzt zu einer heftigen Kritik am Englischlehrer an, ein älterer und erfahrener Kollege. Er hänge mit der Bearbeitung des Lehrbuchs viel zu weit zurück. Ihr älteres Kind, das im letzten Jahr bei einem anderen Lehrer Englischunterricht gehabt habe, sei zum gleichen Zeitpunkt in der Bearbeitung des Lehrbuches schon viel weiter gewesen.

Die Situation, der sich der Englischlehrer gegenüber den anwesenden Eltern durch die Kritik der Mutter ausgesetzt sah, war nicht einfach. Er versuchte redlich, mit Hinweisen auf eine größere Gründlichkeit seine methodische Vorgehensweise zu rechtfertigen, aber man spürte deutlich, wie schwer er mit der Kritik umgehen konnte.

REFLEXIONSAUFGABE 5.14

Wie hätten Sie reagiert und auf die Meldung der Mutter geantwortet?

Eltern verfolgen heute in der Regel recht genau den Unterricht und den Unterrichtsfortschritt in den Fächern. Gerade darum – und das zeigt dieses Beispiel – ist es so wichtig, Eltern – in welcher Form auch immer – die eigenen Unterrichtsprinzipien transparent zu machen.

> Lehrer sollten auch offen sein für Unterrichtshospitationen durch Eltern.

Dies gilt auch für die Fragen, die – im weitesten Sinn – die erzieherischen Werte betreffen, für die man steht. In einem Einzelgespräch beklagte ein Vater gegenüber dem Klassenlehrer, dass er von seinem Sohn gehört habe, im Fach Französisch habe der Fachlehrer große Disziplinprobleme. Dies war offensichtlich eine Information, die nicht der Realität des Unterrichts entsprach. Nach einem Gespräch mit dem Fachlehrer wurde der Vater eingeladen, sich durch eine Unterrichtshospitation doch selbst einmal ein Bild von dem Unterricht zu machen. Es kam nie zu der Hospitation. Diese Erfahrung zeigt, dass auch gegenüber Eltern das Zuhören ihrer Anliegen eine wichtige Reaktion darstellt, dass aber eine klare und transparente Positionierung der den Unterricht leitenden Prinzipien und Werte ganz wichtig ist, um als Lehrer/-in konsequent sein pädagogisches Handeln mit Zufriedenheit und Erfolg in Anwendung bringen zu können.

## Kritik von Kolleginnen und Kollegen

Auch kritische Äußerungen von Kolleginnen und Kollegen gegenüber einer Lehrkraft gehören zum Schulalltag. Kritik von dieser Seite sollte man am ehesten souverän abwehren, weil sie vielfach nicht offen erfolgt und weil die Gründe für das Verhalten nicht immer verständlich sind.

Oft passiert es, dass Schülerreaktionen von Kolleginnen oder Kollegen aufgenommen werden, um direkt oder indirekt weitergetragen zu werden. Dies ist unangenehm, weil man die Urheberschaft nicht erkennen kann. In den Fällen, wo es um Auseinandersetzungen zwischen Fachkolleginnen und -kollegen geht, wie zum Beispiel bei einem Dissens anlässlich der doppelten Korrektur von Abiturarbeiten, sollte man sich sein Selbstbewusstsein nicht nehmen lassen. Nebenbemerkungen von Kolleginnen und Kollegen zum Beispiel zu Kleidungsfragen, sollte man gekonnt überspielen.

**REFLEXIONSAUFGABE 5.15**

> Sie erhalten als Klassenlehrer/-in einer 10. Klasse einen Anruf von einem Elternteil. Der Vater informiert sie darüber, dass sein Sohn ihm erzählt habe, dass der Mathematiklehrer jeweils am Mittwoch in der 1. Stunde stark nach Alkohol rieche.
>
> Wie reagieren Sie auf diese Nachricht?

## 5.8 Schritt 8: Ich öffne mich und halte Kontakte

Schule wird von Außenstehenden und den Medien vielfach als ein geschlossenes System gesehen. Man kennt die Anschrift, man kann die Gebäude beschreiben, aber darüber hinaus kennt man wenig von den Personen, die in der Institution arbeiten, geschweige denn von der täglichen Arbeit in der Schule, es sei denn, man ist Elternteil eines Kindes, das die Schule besucht.

Geschehen außerhalb der Institution gelangt kaum in die Schule, abgesehen von den Gesprächen im Lehrerzimmer, bei denen Wetteraussichten, Sportergebnisse, Autounfälle oder Konzertaufführungen mehr oder weniger lebhaft kommentiert werden.

Diese offensichtliche Kluft zwischen Schule und dem Geschehen außerhalb von Schule auf dem Wege einer Öffnung des Unterrichts zu überwinden, ist eine sinnvolle Herausforderung für jede Lehrkraft.

Erstens kann durch eine Annäherung zwischen den fachlichen Inhalten und der Realität des (außerschulischen) Alltags die Sinnhaftigkeit und Authentizität der schulischen Aufgaben in den Augen der Schülerinnen und Schüler gestärkt werden.

Zweitens zeigen Arbeiten zum Phänomen des „Burnout", dass es sich um einen Prozess handelt, zu dessen Symptomen ein Desinteresse an der Umwelt und eine dem nachfolgende Einsamkeit gehören. Lehrer/-innen sind von dieser Gefahr nicht ausgeschlossen. Im Gegenteil: Mit der Zunahme an Berufsjahren kommt es zu Ermüdungserscheinungen, die dann auch in den genannten Symptomen zum Ausdruck kommen. Wie in anderen die eigene Person betreffenden Sachverhalten ist es wichtig, sich dieser Gefahr rechtzeitig bewusst zu werden und gegen ein allgemeines Desinteresse („Früher hat das Unterrichten mehr Spaß gemacht") und einen Rückzug auf die eigene Person („Ich bin froh, wenn ich zu Hause meine Ruhe habe") anzugehen. Der Kontakt zu Institutionen und Personen außerhalb der Schule und ihre Einbindung in den eigenen Unterricht bieten dazu eine Möglichkeit.

> Anzeichen von beruflicher Ermüdung und Desinteresse an den Lernern sind ernst zu nehmende Warnsignale für Burnout.

Wie kann man sich die Annäherung zwischen den beiden Welten Schule und außerschulische Realität als Chance zur Stärkung des Durchhaltevermögens vorstellen? Der Kreis der Institutionen in einer Stadt, zu der ein Kontakt aufgebaut werden kann, reicht – je nach den örtlichen Gegebenheiten – von einer Hochschule, einer Bibliothek, einem Flüchtlingsheim bis zu Geschäften und Unternehmen. Aber auch das Finanzamt, das Rathaus, die Mülldeponie oder der Recyclinghof können Ansprechpartner sein.

Die Idee ist, Personen zu bestimmten Themen in den Fachunterricht als „Zeugen" oder „Experten" zu einem bestimmten Thema einzuladen oder den Unterricht um außerschulische Felder und Lernorte zu öffnen.

Eine weitere Initiative ergibt sich, wenn man daran denkt, wie viele unterschiedliche Berufsfelder durch Eltern einer Klasse repräsentiert werden. Sie in den Unterricht einzuladen und mit einzelnen Personen Fragen zu diskutieren wie: „Wie wird mit Fehlern in Ihrem Unternehmen umgegangen?" oder „Welche Anforderungen werden an die Mathematikkenntnisse der Mitarbeiterinnen und Mitarbeiter in dem Unternehmen gestellt?", können das Fach aufwerten, neue Motivationen bei den Lernenden auslösen und die eingangs beschriebenen Symptome eines drohenden Burnouts bei der Lehrperson überwinden helfen.

REFLEXIONSAUFGABE 5.16

Formulieren Sie vor dem Hintergrund Ihres Faches/Ihrer Fächer, in welcher Weise Sie sich vorstellen können, zu einer der folgenden Institutionen oder Personen Kontakt aufzunehmen und sie in eine Unterrichtsstunde einzuladen.

Bücherei vor Ort _____
Kulturinstitut _____
Krankenhaus _____
Stadtkämmerer _____
Städtisches Theater _____
Mülldeponie _____
Volkshochschule _____
Unternehmen _____

## 5.9 Schritt 9: Ich bin und bleibe offen

REFLEXIONSAUFGABE 5.17

Denken Sie zurück an die letzten 4, 8 oder 12 Wochen, die Sie mit, in oder um Schule (Vorbereitungsdienst oder Studium) erlebt haben. Versuchen Sie, diese Fragen für sich rückblickend zu beantworten: Identifizieren Sie eine Situation, die Sie als *herausfordernd* wahrgenommen haben.
- Was war genau herausfordernd?
- Wie ist diese Situation entstanden?
- Wie sind Sie mit dieser Herausforderung umgegangen?
- Ist diese Art der Herausforderung Ihnen bereits häufiger begegnet?

Während für das Durchhalten im Alltag, die bisher dargestellten Schritte 1–8, eher Lösungen und Ansätze „von innen", also von der Lehrperson. dem Selbstbewusstsein oder seiner Interaktion mit anderen aus, zu diskutieren waren, ergeben sich die folgenden Herausforderungen häufig „von außen". Dies können neue Technologien sein, die sowohl den Unterricht verändern (können) oder die Art und Weise, wie Schülerinnen und Schüler lernen (wie Smartphones und Tablets), aber auch fachliche oder bildungspolitische Vorgaben (Bildungsstandards), neue bildungsempirische Forschungsergebnisse (Hattie) oder veränderte Lernkulturen (Inklusion). In den durchschnittlich 40 Jahren Berufstätigkeit als Lehrkraft werden diese Herausforderungen von außen herangetragen. Teilweise wird erwartet, dass man mit ihnen umgeht, teilweise sollte man sie sich bewusst zunutze machen, um seinen eigenen Berufsalltag neu zu gestalten. Nachfolgend sollen anhand einiger Beispiele verschiedene Szenarien durchgespielt werden, deren

Lösungsoptionen allerdings durchaus auch auf andere Bereiche übertragbar wären.

### Beispiel: Neue Medien

Wenn man sich vergegenwärtigt, wie weitreichend sich die technischen Veränderungen des Alltags durch die Vorstellung des Apple iPhone im Jahre 2007 und des großen Tabletbruders iPad im Jahre 2010 ausgewirkt haben, kann man sich ungefähr eine Vorstellung davon machen, wie sich dieser Trend weiterentwickeln wird. Auch das Internet in der Form, wie wir es heute kennen mit seinen sozialen Komponenten (zum Beispiel Facebook) und dem Schwerpunkt auf das Teilen in einer *sharing economy* (zum Beispiel AirBnB, Uber), ist erst seit weniger als 10 Jahren fast selbstverständlich.

Die Selbstverständlichkeit, mit der sich Menschen aller Altersstufen mithilfe von Smartphones, Apps und sozialen Medien austauschen, wobei auch Wissen generiert und schnell abrufbar wird, nimmt damit auch Einfluss auf Schule und Unterricht. Man muss sich der Tatsache bewusst werden, dass sowohl der Einfluss von Neuen Medien überhaupt zunehmen wird, als auch, dass kaum absehbar ist, wie sich Technologie über den Zeitraum der nächsten 30–40 Jahre entwickeln kann. Diese Entwicklungen stellen demzufolge eine Herausforderung von außen dar, der man sich kaum entziehen, die man sich aber auch zunutze machen kann.

Dabei stellen manche technische Entwicklungen nicht unbedingt einen Vorteil oder Mehrwert dar – sowohl im privaten Bereich als auch in der Schule. Die Adaption neuer Technologien geschieht aber häufig schneller, als dass darin ein gewisser Mehrwert erkannt wird. Ein Beispiel hierfür sind die bereits flächendeckend in Deutschland eingeführten Smartboards, die eine Vielzahl neuer Möglichkeiten bieten und tatsächlich Lernen befördern könn(t)en – allerdings nicht, wenn sie lediglich als Projektionsfläche oder wie eine altmodische Tafel genutzt werden.

---

**REFLEXIONSAUFGABE 5.18**

- Welche technischen Innovationen (Smartboards, Smartphones, Tablets, fachspezifische Apps) nutzen Sie bereits regelmäßig im Unterricht?
- Inwiefern haben Apps das Lernen und Lehren in Ihren Klassen verändert?

---

Um herauszufinden, ob der Einsatz bestimmter technischer Innovationen tatsächlich einen Mehrwert für den Unterricht und die Lernenden bietet, können in kleineren *Praxiserkundungsprojekten* mithilfe von Lernstandserhebungen, Befragungen und Diskussionen mit den Schülerinnen und Schülern Erfahrungen eingeholt werden. Auch zahlreiche Fortbildungen zu Neuen Medien können hier als Ideengeber dienen, Erleichterungen im Schulalltag befördern und für neuen geistigen und methodischen Input sorgen.

Die „Herausforderung Neue Medien" wird in den kommenden Jahrzehnten eine immer wiederkehrende Erneuerung von Schule und Lernen darstellen. Erfahrungsgemäß passen sich Lernende den Neuerungen schneller an als ihre Lehrer/-innen und dennoch: Mit der Offenheit für die anstehenden Innovationen, mit dem Einbinden der Erfahrungen von Schülerinnen und Schülern und dem gezielten, didaktisch-methodischen Einsatz dieser technologischen Fortschritte entwickeln sich auch Unterricht und Lehrerberuf immer weiter.

### Beispiel: Veränderte (fachliche) Vorgaben

Vorgaben oder Rahmenbedingungen, die Einfluss auf den Unterricht und das Unterrichten haben, verändern sich (un-)regelmäßig, dafür häufig, beeinflusst von wissenschaftlichen Erkenntnissen, bildungspolitischen oder gesellschaftlichen Ideen oder durch formale Bedingungen innerhalb der Schule.

**REFLEXIONSAUFGABE 5.19**

1. Sammeln Sie in der folgenden Übersicht einmal in Form eines Brainstormings links wissenschaftliche Neuerungen, neue Erkenntnisse Ihrer Fächer der letzten Jahre und rechts neue fachliche, didaktisch-methodische oder bildungspolitische Vorgaben oder Entwicklungen, die Sie in letzter Zeit wahrgenommen haben.

   *Neuerungen und Erkenntnisse*           *Fachliche Vorgaben und Entwicklungen*
   _____              _____
   _____              _____
   _____              _____
   _____              _____

2. Versuchen Sie nun, die neuen Erkenntnisse links mit den neuen Vorgaben und Entwicklungen rechts zu verknüpfen (zum Beispiel mit Linien). Was fällt Ihnen auf?

Die veränderten Vorgaben können sich in verschiedenen Bereichen zeigen:
- neue wissenschaftliche Erkenntnisse, die
  - das vermeintlich bekannte Fachwissen des Fachs ergänzen oder verändern
  - die Folgen für das Lernen und Lehren haben

- Bildungsstandards
- neue Curricula (Lehrpläne) bzw. andere inhalts- oder kompetenzbezogene Erwartungen an die Lerngruppen
- neue Unterrichtsmaterialien
- schulrechtliche Vorgaben

Neue wissenschaftliche Erkenntnisse gibt es – etwas abhängig vom Fach – regelmäßig. Wenn man zum Beispiel für das Fach Biologie bedenkt, dass bis in die 1990er Jahre in Lehrbüchern teilweise zu lesen war, dass die Reizweiterleitung in unseren Nervenzellen und an den Synapsen nahezu mit Lichtgeschwindigkeit abläuft, bewegt man sich heute mittlerweile doch eher im moderaten Bereich von 50–100 Metern pro Sekunde. In gleichem Maße ist erstaunlich, wie weit verbreitet die Meinung heute immer noch ist, Hirnstrukturen und neuronale Verknüpfungen seien ab einem bestimmten Zeitpunkt im Kleinkindalter festgelegt. Die Forschung im Bereich der neuronalen Plastizität belegt eindrucksvoll, dass auch ältere Menschen vieles und Neues lernen können und dass dies auch für den schulischen Unterricht nutzbar gemacht werden kann.

Nicht immer äußern sich wissenschaftliche Erkenntnisse unmittelbar in fachlichen und schulischen Vorgaben oder Neuerungen auf methodisch-didaktischer Ebene (zum Beispiel auch in Lehrwerken). Didaktisch aufgearbeitete Inhalte haben eine höhere Halbwertszeit als die Flut an wissenschaftlichen Erkenntnissen, die täglich generiert werden.

Das Fallbeispiel *Programmieren im Informatikunterricht* zeigt, dass nicht nur bildungspolitische Vorgaben oder wissenschaftliche Erkenntnisse einen Einfluss auf Schulunterricht haben (oder haben sollten?), sondern dass auch die Alltagsrelevanz, nein: die Zukunftsrelevanz der Inhalte (bzw. der zu erwerbenden Kompetenzen der Lernenden) bedeutsam ist. Diese wurde auch durch die Diskussionen im Zuge der Kompetenzorientierung im Nachgang von PISA betont, wenn wir gleichzeitig auch der Überzeugung sind, dass Inhalte und Fachwissen im Unterricht einen ebenso großen Stellenwert einnehmen sollten. Und genau dieses Fachwissen, Vorstellungen über Abläufe in der Welt, Weltwissen, und letztlich das Lernen sind in der heutigen Zeit, in der scheinbar so viel Wissen jederzeit verfügbar ist (siehe Wikipedia), nicht vollkommen sicher.

Neue wissenschaftliche Erkenntnisse oder bildungspolitische und fachliche Vorgaben bieten immer die Möglichkeit, Neues auszuprobieren. Während neue Vorgaben häufig von Kolleginnen und Kollegen verallgemeinernd und vorschnell als eher negativ gewertet werden, können sie sehr wohl Chance zur Wiederbelebung von

> Neue Erkenntnisse zum Unterricht bieten immer die Chance für eigene Veränderungen.

## 5.9 Schritt 9: Ich bin und bleibe offen

**FALLBEISPIEL: Programmieren im Informatikunterricht**

> Keine Lehrkraft, die Informatik unterrichtet, wird leugnen, dass sich Software und Hardware, wie oben schon erwähnt, rasant entwickeln. Dies wurde sogar als Gesetz formuliert: Moore's Law beschreibt, dass sich die Leistungsfähigkeit von Computern bzw. den in ihnen verbauten Prozessoren ungefähr jährlich verdoppelt. Für die Informatiklehrer/-innen führt dies dazu, dass sie mit permanent veralteten Unterrichtsmaterialien und -medien arbeiten und diese für die von Neuen Medien, Smartphones und Tablets verwöhnten Jugendlichen spannend gestalten müssen. Wer hätte denn gedacht, dass die Prozessoren und Arbeitsspeicher von heutigen mobilen Telefonen in den Taschen der Schülerinnen und Schüler vergleichbar sind mit der von früheren Laptops und Desktop-Computern.
>
> Recht logisch erscheint daher für den Informatikunterricht, diese technischen Möglichkeiten auch zu nutzen. Jedoch: Insbesondere der Blick auf Software und Programmieren hat sich deutlich geändert. Statt dass, wie noch in den 1990ern und Anfang der 2000er Programmiersprachen wie Pascal oder C++ explizit unterrichtet werden, um damit kleine Modelle darzustellen oder Programme ablaufen zu lassen, geht es heute primär darum, komplexere Prinzipien hinter Programmiersprachen kompetenzorientiert zu vermitteln, damit Schülerinnen und Schüler diese auch auf potenzielle andere Sprachen übertragen können. Diejenigen, die im Informatikunterricht Wochen zugebracht haben, um die, zugegebenermaßen relativ simple, Programmiersprache JavaScript zu lernen, ärgern sich heute, weil im Zuge der Entwicklung insbesondere mobiler Endgeräte diese (fehleranfällige und relativ unsichere) Programmiersprache zunehmend obsolet wurde. Heute stehen vielmehr vorbereitete und komplexe Entwicklungsumgebungen im Fokus, die bereits viel Programmierarbeit abnehmen und so die Schwelle auch zum (unterrichts-)produktiven Umgang mit Software stark gesenkt haben. Eine sehr positive Entwicklung für den Unterrichtsgegenstand im Fach Informatik, auf das sich aber auch diese Disziplin zunächst einstellen muss(-te). Wer weiß, auf welche Herausforderungen die Informatik in den nächsten fünf bis zehn Jahren reagieren wird ...

Themen und Inhalten sein – zumindest sollten sie bewirken, dass man sich kritisch mit ihnen auseinandersetzt sowie Vor- und Nachteile abwägt. Wenn man sich derart intensiv mit der Neuerung auseinandergesetzt, sie im Schulalltag erprobt und reflektiert hat und dann erkennt, dass sie eher einen Rück- als Fortschritt darstellt, dann sollte man dies gemeinsam mit Kolleginnen und Kollegen besprechen und adäquate Konsequenzen für den eigenen Unterricht und Schulentwicklung ziehen.

**REFLEXIONSAUFGABE 5.20**

> Wählen Sie beispielhaft eine der fachlichen Vorgaben und Entwicklungen aus der letzten Reflexionsaufgabe aus.
> - Wie stehen Sie zu dieser Veränderung?
> - Welche Vorteile hat/hatte diese Veränderung?
> - Welche Nachteile hat/hatte diese Veränderung?
> - Wie gehen Sie mit der Veränderung produktiv in Ihrem Unterrichtsalltag um?
> - Könnte dieser Umgang weiter optimiert werden?

**Beispiel: Bedeutungsverlust eines Fachs**

Die Tatsache, dass im deutschsprachigen Raum meist mindestens zwei Fächer unterrichtet werden, ist, wie schon früher im Buch angeklungen, durchaus positiv zu bewerten: Inhalte beider Fächer können sich gegenseitig ergänzen, neu erfinden, Lehrer/-innen können aus beiden Fächern Projekte und damit ihren Unterricht entwickeln und innovativ gestalten – auch mit Kolleginnen und Kollegen.

*Schulische und kulturelle, auch bildungspolitische, Rahmenbedingungen können allerdings auch dazu führen, dass bestimmte Fächer über einen gewissen Zeitraum an Bedeutung verlieren.* Dies kann auf schulischer und bildungspolitischer Ebene geschehen, wenn zum Beispiel in Sekundarstufen naturwissenschaftliche Fächer wie Biologie, Chemie und Physik zu einem Fach „Naturwissenschaften" zusammengelegt werden. Das kann beispielsweise in den Fremdsprachen ein aktueller Trend von Lernendenseite sein hin zum Spanischlernen als zweite Fremdsprache zu Ungunsten des Französischen.

Diese Entwicklungen sind mittel- und langfristig weder voraussehbar noch realistisch antizipierbar. Möglicherweise findet in wenigen Jahren aufgrund eines Erstarkens alter Sprachen ein Boom von Latein und Altgriechisch statt. Wer hätte vor wenigen Jahren den plötzlich extremen Bedarf an DaF- und DaZ-Lehrkräften im Nachgang zur Flüchtlingskrise 2015/2016 erwartet?

**REFLEXIONSAUFGABE 5.21**

Frau V. hat gerade ihren Vorbereitungsdienst mit Bravour absolviert, „ihre" Fächer Deutsch und Erdkunde hat sie sich zu eigen gemacht, Unmengen von Materialien insbesondere zu Erdkunde besorgt oder kleinere Modelle gar selbst gebastelt. Voller Elan hat sie an ihrer neuen Schule direkt den Fachvorsitz für Erdkunde übernommen, die Kolleginnen und Kollegen sind ihr für den frischen Wind dankbar.

Nur ein halbes Jahr nach Dienstantritt fühlt sie, dass ihr der Wind aus den Segeln genommen wird: Das Bundesland beschließt die Auflösung des Faches Erdkunde in den unteren Klassenstufen der Sekundarstufe I und legt es zusammen mit Biologie sowie Grundlagen aus Chemie und Physik zum Fach „Naturwissenschaften". Frau V. ist frustriert, die Strukturen und Ideen, die sie in ihr kleines Fach an ihrer neuen Schule implementiert hat, scheinen hinfällig. Außerdem hat sie keines der anderen Fächer studiert, die nun von ihr als Lehrerin erwartet werden. Sie ist schließlich angetreten, um Erdkunde (und Deutsch) zu unterrichten, nicht Biologie ...

Diskutieren Sie die folgenden Fragen:
- Welche Gründe auf welchen Ebenen könnten für die junge Lehrerin zu Frustration geführt haben?
- Welche (negativen) Folgen zieht sie daraus?
- Welche (positiven) Folgen könnte sie daraus ziehen?

## Beispiel: Neue Verantwortungen und das Arbeitsumfeld

Weitere Herausforderungen in der Karriere einer Lehrerin und eines Lehrers können im Bereich neuer Verantwortungen liegen. Dies beginnt bereits sehr früh nach dem Vorbereitungsdienst mit einer Klassenleitung, die bestimmte Funktionen, auch organisatorisches Geschick (zum Beispiel Klassenfahrten, Elternabende) nach sich zieht. Aber auch andere „Funktionen" innerhalb von Schule sind denkbar und möglicherweise für die Abwechslung und Erneuerung suchende Lehrkraft erstrebenswert.

**REFLEXIONSAUFGABE 5.22**

> Finden Sie in dieser Tabelle zu den neuen Funktionen innerhalb der Schule die jeweiligen neuen Arbeitsfelder bzw. Aufgaben, die damit verknüpft sind. Für die Klassenleitung wurden bereits beispielhaft Aufgaben und Kompetenzen eingetragen.
> Fallen Ihnen noch weitere Funktionsstellen oder Aufgabenbereiche ein?
> Welche der Aufgaben und Kompetenzen in der rechten Spalte führen Sie gern aus bzw. würden Sie gern ausführen? Markieren Sie diese farblich.
> Wie müssen Sie sich weiter entwickeln und welche Schritte müssen Sie gehen, um die mit diesen Aufgaben und Kompetenzen verbundenen Funktionen innerhalb Ihrer Schule erfüllen zu können?
>
> | *Funktionen und Verantwortungen* | *Aufgaben und Kompetenzen* |
> |---|---|
> | Klassenleitung | • Organisation von Elternabenden <br> • Organisation von Klassenfahrten <br> • Leitung von Klassenkonferenzen <br> • Primäre Ansprechperson für die Klasse <br> • Intensive und persönliche Kenntnis aller Schülerinnen und Schüler der eigenen Klasse |
> | Jahrgangsstufenleitung | |
> | Vertrauenslehrer/-in | |
> | Referendarsbetreuung und Mentorat | |
> | Laufbahnberatung für Schüler/-innen | |
> | Fachvorstand | |
> | Vertretungs- und Stundenplankoordination | |
> | Personalrat | |
> | verantwortliche Lehrkraft für Kommunikation oder Öffentlichkeitsarbeit | |
> | Mitglied der Schulleitung | |
> | | |
> | | |

Nicht selten werden bei entsprechend sichtbarem Engagement innerhalb des Lehrerkollegiums neue Verantwortungen an die Lehrkraft als Herausforderung herangetragen. Mit dem nötigen Abstand reflektiert werden sollte (zum Beispiel mithilfe der Übersicht in Reflexionsaufgabe 5.22),

- ob die damit einhergehende Veränderung zur eigenen Persönlichkeit passt,
- ob diese Funktion authentisch vertreten werden kann
- und ob die Gestaltungsmöglichkeiten, die mit einer Erweiterung des eigenen Verantwortungsbereichs einhergehen, zur eigenen angestrebten Entwicklung passen und damit zu mehr Erfolg und Zufriedenheit führen.

## 5.10 Schritt 10: Ich erhalte und stärke meine Gesundheit

Die Befunde sind ebenso eindeutig wie erschreckend: Ein Artikel der *Badischen Zeitung* (16.01.2015) mit der Überschrift „Viele Lehrer melden sich vor dem Ruhestand dienstunfähig" resümiert die Situation für das Land Baden-Württemberg. So ist „etwa jeder zehnte Lehrer in dem Land […] in den Jahren 2011, 2012 und 2013 wegen Dienstunfähigkeit vorzeitig in den Ruhestand gegangen".

Wenn man bedenkt, dass seit 2001 Lehrer/-innen, die sich wegen Dienstunfähigkeit in den Ruhestand versetzen lassen, Abschläge bei den Pensionen hinnehmen müssen, kann man davon ausgehen, dass in den meisten Fällen der Entscheidung zur Frühpensionierung ernste Gründe zugrunde liegen.

„Burnout", dieser Begriff macht im Lehrerzimmer schnell die Runde, wenn eine Kollegin oder ein Kollege über längere Zeit krank ist und seine Vertretung übernommen werden muss. Der Lehrerberuf ist in der Tat anfällig für Burnout, definiert von Christina Maslach (2000) als ein Syndrom emotionaler Erschöpfung, Depersonalisation und persönlicher Leistungseinbußen, das bei Individuen auftreten kann, die in irgendeiner Art mit Menschen arbeiten.

Die sozial- und arbeitsmedizinischen Aspekte der Frühpensionierung beleuchtet ein Artikel aus dem Jahr 2004 (Weber/Weltle/Lederer 2004). Die Autoren führen die im Kasten angeführten Ursachen für die Frühpensionierungen an. Die Übersicht zeigt, dass die Ursachen für eine Aufgabe der Berufstätigkeit ein Konglomerat aus gesellschaftlichen, physischen, psychischen und psychosomatischen Faktoren bilden. Die Auflistung erlaubt zugleich aber auch einen Einblick in die generelle Belastung, denen Lehrer/-innen in ihrem Berufsalltag im Verlauf einer langen Dienstzeit ausgesetzt sind.

## 5.10 Schritt 10: Ich erhalte und stärke meine Gesundheit

**MATERIAL: Ursachen von Frühpensionierungen**

a) Berufliche und gesellschaftliche Faktoren
   - Zunehmende berufliche Belastungen/schlechte Rahmenbedingungen (Klassengröße, Stundenzahl, Schülerverhalten)
   - Image des Lehrerberufs (mangelnde Anerkennung, fehlender Leistungsanreiz)
   - Schulklima (Personalführung, Schulleitungen, fehlender Teamgeist)
   - Gesellschaftlicher Wandel (mangelhafte Elternverantwortung, Wertekrise)
   - Doppelbelastungen (insbesondere für Lehrerinnen)
   - Rechtliche Rahmenbedingungen (Regelaltersgrenzen, Versorgungsformen, Dienstrecht)

b) Sozial- und arbeitsmedizinische Faktoren
   - Zunehmende berufstypische arbeitsbedingte Erkrankungen (unter anderem stressassoziierte Leiden: Burn-out, depressive Syndrome)
   - Fehlende/falsche Prävention (Versorgung statt Vorbeugung)
   - Unausgeschöpftes Rehabilitationspotenzial (Versorgung statt Reintegration)
   - Versorgung/Begutachtung (Qualitätsaspekte, Alibidiagnose-Psyche, Medikalisierung von Personalproblemen)

c) Persönliche Faktoren
   - Geringere individuelle Belastbarkeit (defizitäre Bewältigungsstrategien)
   - Persönliche Lebenssituation (Ausweg Frühpensionierung)

(Weber/Weltle/Lederer 2004, S. 858)

Vor diesem Hintergrund ist es ganz wichtig, seine eigene Gesundheit nicht nur nicht zu vernachlässigen, sondern auch aktiv einen Beitrag für ihre Erhaltung und Stärkung zu leisten.

Die Autoren Weber, Weltle und Lederer (2004, S. 858) nennen eine Reihe von Präventionsmaßnahmen, die im Bereich der Verhaltensprävention und Ressourcenstäkung von der Supervision, der kollegialen Praxisberatung, dem Coaching, einer Gesundheitssprechstunde bis zu Kursangeboten zur Stressbewältigung und dem Zeit-/Konfliktmanagement reichen. Diese Angebote bieten in der Tat Möglichkeiten für den Einzelnen, um nicht erst zum Ende der Dienstzeit hin, sondern schon viel früher, nämlich unmittelbar nach der Aufnahme der Tätigkeit als Lehrkraft seinen Gesundheitszustand so zu pflegen, dass perspektivisch ein Durchhalten bis zum Ende der Dienstzeit möglich ist.

**ZUM WEITERLESEN**

Auf dem Buchmarkt und im Internet gibt es zahlreiche Angebote zur Erkennung und Prävention von Burnout, zum Beispiel:
- Frank, H. (2010): *Lehrer am Limit. Gegensteuern und durchstarten.* Weinheim: Beltz.
- Peter,, M./Peter, U. (2013): *Burnout-Falle Lehrerberuf? Infos, Tests und Strategien zum Vorbeugen, Erkennen, Bewältigen.* Mülheim a. d. R.: Verlag an der Ruhr.

## 5.11 Schritt 11: Ich stärke und erweitere meine Ressourcen

Der Beruf als Lehrer/-in ist eine kontinuierliche Entwicklung, eine Aufgabe, der man sich stellt, die sowohl in mancher Situation ein Durchhalten erfordert und einen gleichzeitig immer wieder vor neue Herausforderungen stellt. Dabei sollten die Veränderungen, die sich im Laufe eines Berufslebens als Lehrkraft ergeben, nicht als Störung des Alltags gesehen werden, sondern *als Realität, als Normalität, die uns begegnet, die den Lehrer und die Lehrerin prägt, mit der Positives und vor allem Neues bewirkt werden kann.* Ein positives Selbstbild *(mindset)* und eine entsprechende Selbstwirksamkeit sind grundlegende Faktoren für Erfolg und Zufriedenheit in diesem komplexen Berufsfeld.

Die Entwicklung und Innovationskraft jedes Einzelnen sollte dabei nicht unterschätzt werden: Individuelle Entwicklungsaufgaben können uns dabei helfen, Bereiche zu identifizieren, in denen wir uns selbst entwickeln möchten, in denen *Veränderungen* oder *Innovationen* möglich werden (siehe Kapitel 4.6.2).

**REFLEXIONSAUFGABE 5.23**

Das Konzept der Entwicklungsaufgaben (Hericks/Kunze 2002) wurde in diesem Buch wiederholt aufgegriffen.

1. Sie können für sich als Lehrkraft mithilfe des abgebildeten Schemas und den Leitfragen darunter in den verschiedenen Bereichen feststellen, welche Aufgaben aktuell bei Ihnen überwiegen, und damit, welche Schritte Sie als Erstes gehen möchten.
2. Vergeben Sie in dem ausgefüllten Schema pro Stichworteintrag bzw. Antwort auf Ihre Frage, die Sie in das Schema stichwortartig notieren können, Punkte von 1 bis 10 (1 = aktuell nicht dringend/ nicht im Vordergrund meiner Tätigkeit; 10 = das möchte ich sofort bearbeiten).
3. Möglicherweise lassen sich einzelne Aspekte innerhalb des Schemas auch Mindmap-artig verknüpfen und gemeinsam bearbeiten. Finden Sie heraus, welche Bereiche Ihrer Entwicklungsaufgaben gemeinsame Anknüpfungspunkte bieten.
Mögliche Fragen, Ideen und Konzepte, denen Sie sich im Kontext der verschiedenen Entwicklungsaufgaben stellen können:

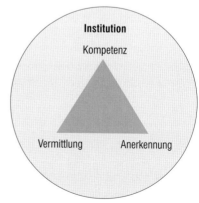

Entwicklungsaufgabe **Kompetenz**:

- Was sind Aspekte des Unterrichtens, an denen ich arbeiten möchte?
- Wo bemerke ich im Alltag Grenzen?
- Woran möchte ich arbeiten?
- Was möchte ich bewegen?
- Fühle ich mich in einem meiner Fächer unsicher(-er)? Was muss ich lernen, um sicherer zu werden?
- Welche Wissensbereiche aus dem Studium kann ich in meinen Unterricht einbringen?
- In welchen Wissensbereichen (zum Beispiel nach Baumert/Kunter 2006) möchte ich mich weiterentwickeln?

Entwicklungsaufgabe **Vermittlung**:

- Wie vermittle ich die Inhalte meiner Fächer?
- Wie trage ich zum Kompetenzerwerb meiner Schülerinnen und Schüler bei?
- Möchte ich etwas an der Zusammenarbeit mit meinen Schülerinnen und Schülern verändern?
- Was für ein Selbstbild *(mindset)* habe ich von meinem Lehren und welches Selbstbild vermittle ich meinen Schülerinnen und Schülern?

Entwicklungsaufgabe **Anerkennung**:

- Welche Bedürfnisse haben meine Schülerinnen und Schüler?
- Wie kann ich diese Bedürfnisse befriedigen?
- Welche Rolle nehme ich im Lernprozess meiner Schülerinnen und Schüler ein?
- Wie werde ich von meinen Lernenden gesehen und wie möchte ich gesehen werden?
- Welche meiner Vorbilder spielen möglicherweise in meiner Arbeit mit Lerngruppen eine herausragende Rolle (siehe auch Kapitel 2.1)?

Entwicklungsaufgabe **Institution**:

- Welche institutionellen Grenzen empfinde ich in meiner Arbeit?
- Welche Möglichkeiten möchte ich schaffen oder ausreizen?
- An welchen Stellen habe ich Freiräume, die ich durch Innovation und meine ganz eigene Kreativität füllen kann?
- Gibt es Stellen innerhalb der Institution (Universität, Studienseminar, Schule), in der ich gerade tätig bin, die Möglichkeiten oder Grenzen schafft?
- Mit welchen Kolleginnen und Kollegen kann ich gut oder möchte ich zusammenarbeiten?

4. Wenn Sie Ihr erstes Entwicklungsaufgaben-Schema ausgefüllt und bewertet haben, haben Sie für sich selbst einen, möglicherweise mehrere Schwerpunkte herausgearbeitet. Ganz im Sinne von Lew Wygotskys Zone der proximalen Entwicklung (1978; siehe Kapitel 3.2) fragen Sie sich: Was ist der logische erste (kleine) Schritt, um diese Aufgabe zu bearbeiten?

Die Bearbeitung der eigenen berufsbiografischen Entwicklungsaufgaben können auch dabei helfen, Bekanntes neu zu entdecken (siehe Kapitel 4.7.3), zum Beispiel methodisch-didaktische Anregungen einzuholen und eigene Lehrkompetenzen zu entwickeln, sodass man den Lehrberuf erfolgreicher und zufriedener ausüben kann.

Um pädagogische und (fach-)didaktische Schwierigkeiten anzugehen, die der Lehrkraft im Unterricht begegnen, bedarf es für einen entsprechend reflexiven Umgang (siehe Kapitel 4.5) häufig nicht nur wohlüberlegter alternativer Handlungsstrategien, sondern auch der Fachliteratur oder Fachzeitschriften, die entsprechende Lösungsoptionen oder Alternativen anbieten. Insbesondere zu Beginn der Tätigkeit als Lehrer/-in hat sich tatsächlich in Bezug auf fachliche Kompetenzen bewährt, die eigenen Fähigkeiten und Fertigkeiten über die *Standards der Lehrerbildung* (KMK 2015; siehe Kapitel 3.3) zu diagnostizieren und unmittelbar daran anknüpfend eigenes Entwicklungspotenzial zu entdecken und dieses zu bearbeiten.

Wenn man für sich als Lehrperson Nachholbedarf zum Beispiel im Bereich Mobiles Lernen oder des Einsatzes Neuer Medien im Unterricht diagnostiziert hat, können entsprechende fachdidaktische Zeitschriften oder Fachbücher wertvolle Anreize für die Praxis bieten, sofern sie zu den eigenen Fragen einen direkten Bezug haben und unmittelbar Herausforderungen und Probleme lösen. Bezüglich der professionellen Entwicklung auch über den Berufseinstieg hinaus können pädagogische oder fachdidaktische Forschung oder Forschungsberichte hilfreich sein: Mögen sie häufig nicht unmittelbar praxisorientiert anwendbar sein, ermöglichen sie dennoch zuweilen Erkenntnisse, die den eigenen Unterricht positiv beeinflussen, insbesondere wenn sie an eigene Schwierigkeiten im Unterricht anknüpfen oder neue Erkenntnisse liefern. Dabei ist die kritische Rezeption von schulbezogener oder fachdidaktischer Forschung wichtig: Wenn Dritte ihre Argumente einleiten mit den Worten „Wie Studien gezeigt haben ..." vermittelt dies häufig eine vermeintliche Überlegenheit, denn Studienergebnissen muss man natürlich zustimmen. Eine kritische Begutachtung und Konfrontation mit der Aussage sowie der dahinterstehenden Studien kann aber lohnenswert sein. Ein Beispiel: Die vermeintliche Unwirksamkeit von Hausaufgaben wurde durch das Erscheinen der Hattie-Studie insbesondere durch die Medien stark propagiert. Schaut man sich den Abschnitt in Hattie (2014) genauer an, wird auch gezeigt, dass Metastudien zu Hausaufgaben tatsächlich einen eher geringen Effekt im Primarbereich zeigen, für den Sekundarbereich aber durchaus respektable Lernerfolge durch Hausaufgaben erzielt werden können, wenn diese den Unterrichtsstoff wiederholen, üben und vertiefen. Gewarnt werden soll an dieser Stelle daher vor oberflächlich rezipierter Forschung und verallgemeinernden Aussagen: Lehrer/-innen sollten (und können – durch die Vielzahl der mittlerweile verfügbaren Informationswege sowie eigener Praxiserkun-

> Fachdidaktische Forschungsliteratur vermittelt auch nach dem abgeschlossenen Studium neue Erkenntnisse.

dungsprojekte) sich ein eigenes Bild machen und für ihre tägliche Unterrichtspraxis die wirksamsten Bausteine übernehmen.

REFLEXIONSAUFGABE 5.24

Belastbare Forschung hilft auch, verbreitete Mythen über das Lernen und Lehren zu widerlegen. Überlegen Sie, welche Auswirkungen die zwei folgenden Bildungsmythen (Didau 2015) auf Ihren Unterricht oder Unterricht im Allgemeinen haben könn(t)en:

- In Klassenzimmern auf der ganzen Welt ist weiterhin die Idee weit verbreitet, dass es unterschiedliche Lerntypen gäbe, also dass wir zum Beispiel visuelle, auditive oder kinästhetische Lernende seien, denen entsprechender Unterrichtsstoff auch nur über diese Kanäle am effektivsten zu präsentieren sei. Lerntypen gibt es in diesem Sinne nicht!
- Im Bildungsbereich grassiert auch eine pyramidenartige Darstellung darüber, dass Lernen auf verschiedene Art und Weise unterschiedlich effektiv sei: Beim reinen Lesen würde man zum Beispiel nur 10% der Inhaltes aufnehmen, beim gleichzeitigen Hören schon 40%, beim aktiven Arbeiten mit dem zu lernenden Gegenstand 75% und beim direkten Anwenden 90%. Das Interessante: Diese Pyramide fußt nicht auf wissenschaftlichen Untersuchungen, sie ist eine reine Erfindung!

Zur *Weiterentwicklung der eigenen Lehrkompetenz* können auch punktuelle Fortbildungen oder umfassendere Qualifizierungsmaßnahmen gut geeignet sein. Letztere sind insbesondere für größere Herausforderungen wie neue Funktionsstellen oder umfassendere Veränderungen in der eigenen Schule sinnvoll. Die Auswahl aus dem Angebot an Weiterbildungsmaßnahmen fällt häufig nicht leicht, über Empfehlungen von Kolleginnen und Kollegen und insbesondere auf Grundlage der persönlichen Entwicklungsaufgaben und Bedürfnisse können entsprechende Veranstaltungen zielgerichtet ausgewählt werden.

Die *Kommunikation mit Kolleginnen und Kollegen* ist eine weitere bedeutende Ressource, die zur persönlichen Entwicklung genutzt werden kann. Diese Kommunikation kann auf verschiedenen Ebenen stattfinden:
- Der *informelle Austausch im Lehrerzimmer* zu einzelnen Lerngruppen, Schülerinnen und Schülern oder auch kleineren methodisch-didaktischen Herausforderungen.
- Der *organisierte Austausch in fachbezogenen Gruppen innerhalb einer Schule*, um organisatorische Abläufe, schulinterne Curricula sowie Termine zu koordinieren. Auch der Austausch im Sinne von *Praxiserkundungsprojekten* (siehe Kapitel 4.5.3) kann in diesem Rahmen vielfältige Anreize bieten.
- *Kollegiale Hospitationen bei Kolleginnen und Kollegen* können nicht nur für die hospitierende Lehrkraft Inspiration bieten,

sondern auch der einladenden Lehrperson wertvolle Rückmeldung zum Beispiel über ihre Interaktion mit Schülerinnen und Schülern, Stundeneinstiege oder Ergebnissicherungen liefern. Hierfür muss allerdings seitens der Schulleitung und Stundenplanung ein entsprechender Freiraum ermöglicht werden, diese kollegialen Hospitationen und Beratungssituationen zu ermöglichen.

> Freiräume schaffen für erfahrungsbasierten Austausch und Kommunikation unter Lehrkräften ist einer der wichtigsten Anreize für Anreize für individuelle Innovationsbereitschaft.

- Das im Referendariat weit verbreitete *Mentoringsystem* (Lehrkraft im Vorbereitungsdienst + länger berufstätige Lehrkraft) bietet ebenfalls großes Entwicklungspotenzial – sowohl für die junge Lehrkraft als auch für die erfahrene. An vielen Schulen wird dieses System, zumeist informell, auch für den Berufseinstieg oder darüber hinaus weitergeführt und es ermöglicht damit sowohl kollegiale Beratung, Austausch von Erfahrungen und Expertise und das gemeinsame Arbeiten an Innovation auch klassenübergreifend.
- *Schulinterne Fortbildungen* bieten die Möglichkeit, sich Expertise zu Herausforderungen mehrerer Kolleginnen und Kollegen einzuholen und diese Expertise unmittelbar gemeinsam im Austausch aller Anwesenden auf das schulinterne Handeln zu hinterfragen und zu übertragen.
- Häufig findet ein *Austausch über Erfahrungen* (häufiger aber primär negativ: über Probleme) auch in Internetforen und innerhalb anderer sozialer Netzwerke statt, die aufgrund der diskontinuierlichen, das heißt zeitversetzten und nicht unmittelbar stattfindenden Diskussion nicht selten oberflächlich ablaufen und damit nicht immer zu echten, nachhaltigen Lösungen führen.
- Darüber hinausgehende *Fortbildungen und Qualifizierungsmaßnahmen außerhalb der Schule* bieten ebenfalls die Möglichkeit, Vorerfahrungen einzubringen, mit Gleichgesinnten ins Gespräch zu kommen und gemeinsame Herausforderungen anzugehen.
- *Offene, regionale Veranstaltungen für Lehrer/-innen,* die unmittelbar sowohl ihre erfolgreich implementierten, innovativen Unterrichtsbeispiele vorstellen können als auch sich durch die Erfahrungen anderer inspirieren zu lassen, bieten großes Potenzial für die Entwicklung der Persönlichkeit und des eigenen Unterrichts. Solche Veranstaltungen informellen Lernens bieten zudem die echte Chance, den eigenen Erfahrungsbereich sowohl schul-, schulform- sowie institutionsübergreifend zu öffnen und gemeinsame Entwicklungsprozesse zu initiieren.

**REFLEXIONSAUFGABE 5.25**

Stellen Sie für sich im nachfolgenden Diagramm dar, wie hoch Sie den (zeitlichen) Aufwand für einen der oben aufgeführten Ansätze zur Weiterentwicklung der eigenen Lehrkompetenz sehen (y-Achse) und wie hoch Sie den Ertrag einschätzen (x-Achse).
Ein Beispiel: Wenn Sie in Ihrem Fachschrank im Lehrerzimmer eine Vielzahl fachdidaktischer Bücher und Zeitschriften vorrätig haben, ist der nötige Aufwand dafür, dort hineinzuschauen, relativ gering, der Ertrag kann aber recht hoch sein.
Versuchen Sie auf Basis auch Ihrer Rahmenbedingungen und Möglichkeiten die Maßnahmen einzuschätzen.

**REFLEXIONSAUFGABE 5.26**

Wählen Sie aus Ihren Entwicklungsaufgaben eine Herausforderung oder einen Bereich heraus, den Sie für sich bearbeiten möchten. Mit welchem der oben aufgeführten Ansätze zur Weiterentwicklung der eigenen Lehrkompetenz können Sie sich vorstellen, diesen Entwicklungsschwerpunkt zu bearbeiten? Wäre auch ein anderes Format denkbar?

Der interaktive Austausch mit Kolleginnen und Kollegen und das Suchen von Anreizen auch außerhalb der Schule im Sinne einer kommunikativen Offenheit bzw. auch der Öffnung des ansonsten so vermeintlich als geschlossen betrachteten Systems Schule ist ein bedeutender Schritt zu mehr Erfolg und Zufriedenheit im Berufsfeld Lehrer/-in. Gleichzeitig ist dieser Schritt – wie auch alle anderen – kaum „abschließbar", sondern stellt sich immer wieder erneut und begleitet einen in seiner Entwicklung. Die Entwicklung, die Sie allein durch das Lesen dieses Buches durchgemacht haben, ist bereits beachtlich. Nutzen Sie die Möglichkeiten, über dieses Buch wiederum mit anderen Kolleginnen und Kollegen ins Gespräch zu kommen und gemeinsam Entwicklung und Innovation anzustoßen.

5 Schritt für Schritt Durchhalten im Alltag und bei neuen Herausforderungen

**REFLEXIONSAUFGABE 5.27**

> Gehen Sie zurück zur Seite „Für Sie, zum Eingewöhnen" ganz am Anfang des Buches. Wie haben Sie sich zu Beginn selbst verortet? Hat sich etwas an Ihrer Einstellung bezüglich einzelner Aussagen geändert? *Wenn Sie Lust haben, geben Sie den Autoren des Buches eine Rückmeldung und beteiligen Sie sich aktiv am Austausch über www.eduDialog.de.*

# Literatur

Altrichter, H./Feindt, A./Zehetmaier, S. (2014): Lehrerinnen und Lehrer erforschen ihren Unterricht: Aktionsforschung. In: Terhart, E./Bennewitz, H./Rothland, M. (Hrsg.): *Handbuch der Forschung zum Lehrerberuf.* 2. überarbeitete und erweiterte Auflage. Münster: Waxmann, S. 285–307.

Amt für Volksschule und Kindergarten Thurgau (2014): *Merkmale für Unterrichts- und Schulqualität. Leitfaden für die Qualitätsarbeit in Schulen.*

Arnold, K.-H./Gröschner, A./Hascher, T. (2014): *Schulpraktika in der Lehrerbildung. Theoretische Grundlagen, Konzeptionen, Prozesse und Effekte.* Münster: Waxmann.

Bandura, A. (1997): *Self-efficacy. The exercise of control.* New York: Freeman.

Baumert, J./Kunter, M. (2006): Stichwort: Professionelle Kompetenz von Lehrkräften. In: *Zeitschrift für Erziehungswissenschaft* 9(4), S. 469–520.

Bergmann, G./Daub, J. (2008): *Systemisches Innovations- und Kompetenzmanagement. Grundlagen – Prozesse – Perspektiven.* 2. Auflage. Wiesbaden: Gabler.

Bibliographisches Institut/Duden Online (Hrsg.) (2016): Beitrag „Herausforderung". http://www.duden.de/rechtschreibung/Herausforderung (Zugriff: 15.05.2016).

Brandtstädter, J./Greve, W. (1992): Das Selbst im Alter: adaptive und protektive Mechanismen. In: *Zeitschrift für Entwicklungspsychologie und Pädagogische Psychologie* 14, S. 269–297.

Brügelmann, H. (2013): Metaanalysen der Unterrichtsforschung. Hat Hatties „Visible Learning" einen Nutzen für die pädagogische Arbeit vor Ort? In: *Lehren und Lernen* 39(7), S. 20–22.

Brüll, M. (2010): *Akademisches Selbstkonzept und Bezugsgruppenwechsel. Einfluss spezieller Förderklassen bei hochbegabten Schülern.* Göttingen: Hogrefe.

Caspari, D. (2002): Kreativität als Unterrichtsprinzip: Der – notwendigerweise – „andere" Fremdsprachenunterricht. In: Kühn, O./Mentz, O. (Hrsg.): *Zwischen Kreativität, Konstruktion und Emotion. Der etwas andere Fremdsprachenunterricht.* Herbolzheim: Centaurus, S. 16–26.

Cuq, J.-P. (2003): *Dictionnaire de didactique du français langue étrangère et seconde.* Paris: Clé International.

Dann, H.-D. (2000): Lehrerkognitionen und Handlungsentscheidungen. In: Schweer, M.K.W. (Hrsg.): *Lehrer-Schüler-Interaktion. Inhaltsfelder, Forschungsperspektiven und methodische Zugänge.* Wiesbaden: Verlag für Sozialwissenschaften, S. 177–207.

Dann, H.-D./Müller-Fohrbrodt, G./Cloetta, B. (1981): Sozialisation junger Lehrer im Beruf: „Praxisschock" drei Jahre später. In: *Zeitschrift für Entwicklungspsychologie und Pädagogische Psychologie* 13, S. 251–262.

De Bono, E. (2009): *De Bonos neue Denkschule. Kreativer denken, effektiver arbeiten, mehr erreichen.* Landsberg/München: mvg.

Deci, E.K./Ryan, R.M. (1985): *Intrinsic motivation and self-determination in human behaviour.* New York: Plenum.

Didau, D. (2015): *What if everything you know about education was wrong?* Bancyfelin, Carmarthen: Crown House.

Disselkamp, M. (2005): *Innovationsmanagement. Instrumente und Methoden zur Umsetzung in Unternehmen.* Wiesbaden: Gabler.

Dweck, C. (2009): *Selbstbild. Wie unser Denken Erfolge oder Niederlagen bewirkt.* München/Berlin: Piper.

Eichhorn, C. (2008): *Classroom-Management: Wie Lehrer, Eltern und Schüler guten Unterricht gestalten.* Stuttgart: Klett-Cotta.
Expertenkommission zur Weiterentwicklung der Lehrerbildung in Baden-Württemberg (2013): Empfehlungen. http://www.kultusportal-bw.de/site/pbs-bw/get/documents/KULTUS.Dachmandant/KULTUS/kultusportal-bw/zzz_pdf/RZ_MfWFK_Bericht_Expertenkommission_Web.pdf (Zugriff: 10.06.2016).
Farrell, T. S. C. (2015): *Promoting teacher reflection in second language education. A framework for TESOL professionals.* New York: Routledge.
Fook, J./Askeland, G. (2007): Challenges of critical reflection: 'nothing ventured, nothing gained'. In: *Social Work Education* 1, S. 1–14.
Gassmann, O./Friesicke, S. (2012): *33 Erfolgsprinzipien der Innovation.* München: Hanser.
Gehrmann, A. (2007): *Zufriedenheit trotz beruflicher Beanspruchungen? Modelle – Befunde – Interventionen.* Wiesbaden: VS Verlag für Sozialwissenschaften.
Giesinger, J. (2014): Wirksamkeit und Respekt. In: *Zeitschrift für Pädagogik* 60(6), S. 817–831.
Gigerenzer, G. (2013): *Risiko. Wie man die richtigen Entscheidungen trifft.* München: Bertelsmann.
Gruschka, A. (2005): *Auf dem Weg zu einer Theorie des Unterrichtens. Die widersprüchliche Einheit von Bildung, Didaktik und Erziehung.* Frankfurt a. M.: Universität Frankfurt a. M.
Hascher, T./Edlinger, H. (2009): Positive Emotionen und Wohlbefinden in der Schule – ein Überblick über Forschungszugänge und Erkenntnisse. In: *Psychologie in Erziehung und Unterricht* 2, S. 105–122.
Hattie, J. (2014): *Lernen sichtbar machen.* Überarb. deutschsprachige Ausgabe von *Visible Learning* besorgt von Wolfgang Beywl und Klaus Zierer. 2. korr. Auflage. Baltmannsweiler: Schneider Verlag Hohengehren.
Helmke, A. (2007): Was wissen wir über guten Unterricht? http://www.bildung.koeln.de/imperia/md/content/selbst_schule/downloads/andreas_helmke_.pdf (Zugriff: 21.04.2016).
Helmke, A./Reinhardt, V. (2013): Interview mit Prof. Dr. Andreas Helmke zur Hattie-Studie. Interviewt von Prof. Dr. Volker Reinhardt. In: *Lehren und Lernen* 39(7), S. 8–15.
Helmke, A. (2014): Forschung zur Lernwirksamkeit des Lehrerhandelns. In: Terhart, E./Bennewitz, H./Rothland, M. (2014) (Hrsg.): *Handbuch der Forschung zum Lehrerberuf.* 2. Aufl. Münster: Waxmann, S. 807–821.
Helsper, W. (2014): Lehrerprofessionalität – der strukturtheoretische Professionsansatz zum Lehrerberuf. In: Terhart, E./Bennewitz, H./Rothland, M. (2014) (Hrsg.): *Handbuch der Forschung zum Lehrerberuf.* 2. Aufl. Münster: Waxmann, S. 216–240.
Hericks, U. (2009): Entwicklungsaufgaben in der Berufseingangsphase. In: *journal für lehrerinnen- und lehrerbildung* 9(3), S. 32–39.
Hericks, U./Kunze, I. (2002): Entwicklungsaufgaben von Lehramtsstudierenden, Referendaren und Berufseinsteigern. Ein Beitrag zur Professionalisierungsforschung. In: *Zeitschrift für Erziehungswissenschaft* 5(3), S. 401–416.
Herlt, S./Schaarschmidt, U. (2007): Fit für den Lehrerberuf?! Fragebogen für die Selbsteinschätzung. http://www.dbb.de/fileadmin/pdfs/projekte/lehrerstudie_fragebogen_fit.pdf (Zugriff: 10.06.2016).
Hyland, K./Wong, L. L. C. (2013): *Innovation and change in English Language education.* Abingdon, Oxon/New York: Routledge.
Kelley, D./Kelley, T. (2014): *Kreativität und Selbstvertrauen. Der Schlüssel zu ihrem Kreativitätsbewusstsein.* Mainz: Hermann Schmidt.

KMK (= Sekretariat der Ständigen Konferenz der Kultusminister der Länder in der Bundesrepublik Deutschland) (2015): Ländergemeinsame inhaltliche Anforderungen für die Fachwissenschaften und Fachdidaktiken in der Lehrerbildung. Beschluss der Kultusministerkonferenz vom 16.10.2008 i. d. F. vom 10.09.2015. http://www.kmk.org/fileadmin/veroeffentlichungen_beschluesse/2008/2008_10_16-Fachprofile-Lehrerbildung.pdf (Zugriff: 31.12.2015).

Knoblauch, J./Wöltje, H./Hauser, M. B./Kimmich, M./Lachmann, S. (2015): *Zeitmanagement*. 3. Aufl. Freiburg: Haufe.

Korthagen, F. A. J./Kessels, J./Koster, B./Lagerwerf, B./Wubbels, T. (2001): *Linking practice and theory. The pedagogy of realistic teacher education.* Mahwah, NJ: Lawrence Erlbaum.

Korthagen, F./Vasalos, A. (2005): Levels in reflection. Core reflection as a means to enhance professional growth. In: *Teachers and Teaching: Theory and Practice* 11(1), S. 47–71.

Legutke, M. (2012): 10 Schritte zum Praxiserkundungsprojekt (PEP). https://www.goethe.de/resources/files/pdf22/dll_10SchrittezumPEP.pdf (Zugriff: 02.02.2016).

Maslcah, Ch. (2000): A multilingual theory of burnout. In: Cooper, C. L. (Hrsg.): *Theories of orgaizational stress.* Oxford: Oxford University Press, S. 68–85.

Morgenroth, S./P. Buchwald (2015): „Burnout und Ressourcenerhaltung bei Lehrkräften". In: *Unterrichtswissenschaft* 43(2), S. 136–149.

Neuweg, G. H. (2014): Das Wissen der Wissensvermittler. Problemstellungen, Befunde und Perspektiven der Forschung zum Lehrerwissen. In: Terhart, E./Bennewitz, H./Rothland, M. (2014) (Hrsg.): *Handbuch der Forschung zum Lehrerberuf.* 2. Auflage. Münster: Waxmann, S. 583–614.

Nürnberger, E. (2013): *Selbstvertrauen gewinnen.* 2. Aufl. Freiburg: Haufe.

Oelkers, J. (2009): Wann gelingen Bildungsreformen und wann nicht? Vortrag auf der Delegiertenversammlung LeBe am 2. Dezember 2009 in Bern. http://www.ife.uzh.ch/dam/jcr:00000000-4a53-efb4-0000-00006417a69f/BernLeBe.pdf (Zugriff: 10.06.2016).

Orly, M. (2008): Mentoring mentors as a tool for personal and professional empowerment in teacher education. In: *International Journal of Evidence Based Coaching and Mentoring* 6(1), S. 1–18.

Rosiek, J./Beghetto, R. A. (2009): Emotional scaffolding: The emotional and imaginative dimensions of teaching and learning. In: Schutz, P. A./Zembylas, P. A. (Hrsg.): *Advances in Teacher Emotion Research.* New York: Springer, S. 175–194.

Sann, U./Preiser, S. (2008): Emotionale und motivationale Aspekte in der Lehrer-Schüler-Interaktion. In: Schweer, M. K. W. (Hrsg.): *Lehrer-Schüler-Interaktion. Inhaltsfelder, Forschungsperspektiven und methodische Zugänge.* Wiesbaden: Verlag für Sozialwissenschaften, S. 209–226.

Schaarschmidt, U. (Hrsg.) (2005): *Halbtagsjobber? Psychische Gesundheit im Lehrerberuf – Analyse eines veränderungsbedürftigen Zustandes.* Weinheim: Beltz.

Schaarschmidt, U./Kieschke, U. (Hrsg.) (2007): *Gerüstet für den Schulalltag. Psychologische Unterstützungsangebote für Lehrerinnen und Lehrer.* Weinheim: Beltz.

Schaarschmidt, U./Kieschke, U./Fischer, A. W. (2016): *Lehrereignung. Voraussetzungen erkennen – Kompetenzen fördern – Bedingungen gestalten.* Stuttgart: Kohlhammer.

Schart, M. (2014): Die Lehrerrolle in der fremdsprachendidaktischen Forschung: Konzeptionen, Ergebnisse, Konsequenzen. In: *Fremdsprachen lehren und lernen* 43(19), S. 36–50.

Schön, D. A. (1983): *The reflective practitioner. How professionals think in action*. New York: Basic Books.

Schwarzer, R./Jerusalem, M. (Hrsg.) (1999): *Skalen zur Erfassung von Lehrer- und Schülermerkmalen*. Dokumentation der psychometrischen Verfahren im Rahmen der Wissenschaftlichen Begleitung des Modellversuchs Selbstwirksame Schulen. Berlin: Freie Universität Berlin.

Schwarzer, R./Warner, L. M. (2014): Forschung zur Selbstwirksamkeit bei Lehrerinnen und Lehrern. In: Terhart, E./Bennewitz, H./Rothland, M. (2014) (Hrsg.): *Handbuch der Forschung zum Lehrerberuf*. 2. Aufl. Münster: Waxmann, S. 662–678.

Schweer, M. K. W. (2011): Vertrauen im Klassenzimmer. In: Schweer, M. K. W. (2011) (Hrsg.): *Lehrer-Schüler-Interaktion. Inhaltsfelder, Forschungsperspektiven und methodische Zugänge*. Wiesbaden: Verlag für Sozialwissenschaften, S. 547–564.

Seidel, T. (2014): Lehrerhandeln im Unterricht. In: Terhart, E./Bennewitz, H./Rothland, M. (2014) (Hrsg.): *Handbuch der Forschung zum Lehrerberuf*. 2. Aufl. Münster: Waxmann, S. 781–806.

Sloterdijk, Peter (2005): *Im Weltinnenraum des Kapitals*. Frankfurt a. M.: Suhrkamp.

Steffens, U./Höfer, D. (2012): Was ist das Wichtigste beim Lernen? Folgerungen aus der Hattie-Studie, Teil 1: Die Lehrperson im Zentrum der Betrachtungen. http://www.visiblelearning.de/wp-content/uploads/2013/07/Hattie_Veroeff_Persp_1a_Lehrpers_2012-08-20.pdf. Abdruck in: *SchulVerwaltung, Ausgabe Hessen/Rheinland-Pfalz*, 17 (2013) Heft 11, S. 290–292.

Terhart, E. (2009): *Didaktik. Eine Einführung*. Stuttgart: Reclam.

Terhart, E. (2014): Umgang mit Heterogenität: Anforderungen an Professionalisierungsprozesse. In: *Lehren und Lernen* 8/9, S. 7–12.

Varghese, M. M. (2006): Bilingual teachers-in-the-making in Urbantown. In: *Journal of Multilingual and Multicultural Development* 27(3), S. 211–224.

Weber, A./Weltle, D./Lederer, P. (2004): Frühinvalidität im Lehrerberuf: Sozial- und arbeitsmedizinische Aspekte. In: *Deutsches Ärzteblatt* 101(13), S. 852.

Weisberg, R. W. (1989): *Kreativität und Begabung. Was wir mit Mozart, Einstein und Picasso gemeinsam haben*. Heidelberg: Spektrum der Wissenschaft.

Wieser, C. (2015): Konzeptualisierungen von Handeln in Paradigmen der Unterrichtsforschung. In: *Zeitschrift für Pädagogik* 59(1), S. 95–111.

Wygotsky, L. S. (1978): *Mind in society. The development of higher psychological processes*. Cambridge, MA: Harvard University Press.

# Was Lehrkräfte wissen sollten

JENS MÖLLER | MICHAELA KÖLLER | THOMAS RIECKE-BAULECKE (HRSG.)

## Basiswissen Lehrerbildung: Schule und Unterricht – Lehren und Lernen

16 x 23 cm, 232 Seiten
**ISBN 978-3-7800-4844-8**
**19,95 €**

Lehrkräfte sind erfolgreicher, wenn sie über ein breites und vernetztes Wissen in den Fachwissenschaften, den Fachdidaktiken und den Bildungswissenschaften verfügen. Renommierte WissenschaftlerInnen stellen Erkenntnisse und Theorien vor, die zum State of the Art des Lehrerberufs gehören. Im Fokus stehen Themen wie professionelle Kompetenz von Lehrkräften, Diagnostik, Leistungsbeurteilung, Didaktik, Unterrichtsqualität, Kommunikation, Sozialisation in Kindheit und Jugend, Lernen, Motivation, Theorie der Schule, Heterogenität und Inklusion u. a. Für Studium, Referendariat und Lehrerfortbildung!

Unser Leserservice berät Sie gern:
Telefon: 0511/4 00 04 -150
Fax: 0511/4 00 04 -170
leserservice@friedrich-verlag.de

www.klett-kallmeyer.de

# Gut vorbereitet im Referendariat

RONALD STURM

## Schritt für Schritt zum guten Mathematikunterricht

Praxisbuch für Referendare in den Sekundarstufen: Von der ersten Stundenplanung bis zur Prüfung

16 x 23 cm, 224 Seiten + Downloadmaterial

ISBN 978-3-7727-1040-7

21,95 €

Einen riesigen Berg vor Augen – oder besser Schritt für Schritt? So führt der Autor in die Planung und Durchführung der ersten Stunden ein und vernetzt diese systematisch mit komplexeren Themen bis zum Prüfungsniveau. Die Kapitelauswahl stützt sich auf Referendarsumfragen und garantiert damit eine besondere Praxisnähe. Klassische Ausbildungsfelder (Unterrichtsentwurf, Reflexion, Methoden, Leistungsbewertung, Lehrervorträge u. a.) werden durch aktuelle Thematiken wie Differenzierung, Diagnose, Inklusion und Sprachförderung ergänzt. Ein hilfreicher Leitfaden für das Referendariat!

**Im Downloadbereich finden Sie vertiefende Materialien.**

Unser Leserservice berät Sie gern:
Telefon: 0511/4 00 04 -150
Fax: 0511/4 00 04 -170
leserservice@friedrich-verlag.de

www.klett-kallmeyer.de

Unter **www.friedrich-verlag.de** finden Sie Materialien zum Buch als Download.
Bitte geben Sie den achtstelligen Download-Code in das Suchfeld ein.

**DOWNLOAD-CODE:** d31104ss

**Hinweis:**

Das Download-Material enthält die Reflexionsaufgaben und Wordles aus den Kapiteln des vorliegenden Buches als PDF-Datei in einem Format, das die praktische Arbeit mit den Aufgaben erleichtert.

Als Käufer des Buches (ISBN 978-3-7727-1104-6) sind Sie zum Download dieser Datei berechtigt. Weder die gesamte Datei noch einzelne Teile daraus dürfen ohne Einwilligung des Verlages an Dritte weitergegeben oder in ein Netzwerk gestellt werden. Dies gilt auch für Intranets von Schulen und sonstigen Bildungseinrichtungen.

Der Verlag behält sich vor, gegen urheberrechtliche Verstöße vorzugehen.

**Haben Sie Fragen zum Download? Dann wenden Sie sich bitte
an den Leserservice der Friedrich Verlags GmbH.
Schreiben Sie uns oder rufen Sie uns an!**

Sie erreichen unseren Leserservice
Montag bis Donnerstag von 8 – 18 Uhr
Freitag von 8 – 14 Uhr
Tel.: 05 11/4 00 04-150
Fax: 05 11/4 00 04-170
E-Mail: *leserservice@friedrich-verlag.de*

Wir freuen uns über Ihre Rückmeldungen und helfen Ihnen gerne weiter!